旅游规划与设计 18

TOURISM PLANNING & DESIGN NO.18

旅游规划 ＋ 景观建筑 ＋ 景区管理

北京大学旅游研究与规划中心 主编　　中国建筑工业出版社 出版

旅游厕所
Tourist Toilet

图书在版编目（CIP）数据

旅游规划与设计——旅游厕所/北京大学旅游研究与规划中心主编. ——北京：中国建筑工业出版社，2015.12

ISBN 978-7-112-18837-6

Ⅰ.①旅… Ⅱ.①北… Ⅲ.①旅游规划②旅游区-卫生间-设计 Ⅳ.①F590.1

中国版本图书馆CIP数据核字(2015)第297670号

主编单位：
北京大学旅游研究与规划中心　　大地风景国际咨询集团

出版单位：
中国建筑工业出版社

编委（按姓名拼音排序）：

保继刚（中山大学）	陈　田（中国科学院）	陈可石（北京大学深圳研究生院）
高　峻（上海师范大学）	刘　锋（巅峰智业）	刘滨谊（同济大学）
马耀峰（陕西师范大学）	石培华（北京交通大学）	王向荣（北京林业大学）
魏小安（中央民族大学）	谢彦君（东北财经大学）	杨　锐（清华大学）
杨振之（四川大学）	张　捷（南京大学）	张广瑞（中国社会科学院）
周建明（中国城市规划设计院）	邹统钎（北京第二外国语学院）	

名誉主编： 刘德谦
主编： 吴必虎
本期特约主编： 文　艺
副主编： 李咪咪　戴林琳　汪　芳　杨小兰　王　珏
编辑部主任： 林丽琴
编辑部副主任： 陈　静
编辑： 沈　蔷　崔　锐　欧阳文婷
装帧设计： 大地风景　张正媛
责任编辑： 郑淮兵　王晓迪
责任校对： 张　颖　姜小莲

封面图片提供： 山东省"笔墨"设计团队
封面图片说明： 中德生态园旅游公厕日景透视图

旅游规划与设计——旅游厕所
北京大学旅游研究与规划中心 主编
*
中国建筑工业出版社 出版、发行（北京西郊百万庄）
各地新华书店、建筑书店经销
北京画中画印刷有限公司印刷
*
开本：880×1230毫米 1/16　印张：7 ¾　字数：300千字
2015年12月第一版　2015年12月第一次印刷
定价：**48.00元**

ISBN 978-7-112-18837-6
（28088）

版权所有　翻印必究
如有印装质量问题，可寄本社退换
（邮政编码 100037）

卷首语

随着我国经济的高速发展，大众旅游的黄金时代已经来临，可厕所卫生条件差、供给不足、分布不均、设计不当等诸多问题，已经成为我国社会公共服务体系和旅游过程中最薄弱的环节，也成为横在我国旅游业发展车轮前的一道坎。即使从全球的视角来看，情况也是如此。刚刚过去的11月19日，全球便迎来了意在推动旅游厕所改善的第三个"世界厕所日"；而根据世界卫生组织6月30号发布的数据显示，尽管2015年全球缺少厕所的人口较去年下降了8%，但还是有很多地区的民众仍然面临着如厕难的问题。

今年年初，中国厕所革命的号角在全国旅游工作会议上吹响，会议发布了旅游发展的"515战略"，其中就特意提到了"旅游厕所革命"这个新任务。任务计划用三年的时间通过政策引导、资金补助、标准规范等手段持续推进新建、改扩建厕所共计5.8万座。并鼓励以商建厕、以商养厕、以商管厕的方式，努力营造健康的厕所文化。自古拘于我国传统文化中视厕所为污秽之地的观念，众人对厕所问题虽反响强烈但仍然羞于启齿，觉其难登大雅之堂，如今终于名正言顺地摆上了台面。厕所问题，实际上是推动社会文明建设的问题。其实早在宋朝，欧阳修就曾说过，他读书得益于"三上"："曰马上，曰轿上，曰厕上。"可见，如厕之事解决好了也可以是儒雅之事。

时近2015年年末，根据中国国家旅游局统计数字显示，截至9月底，全国已开工建设旅游厕所共20008座，占全年计划的95.15%。其中，已竣工12692座，占全年计划的60.36%，在建7316座，占全年计划的34.79%。从数据上来看，全国各地广泛开展的厕所革命进展顺利。但从成果上来看，旅游厕所革命还不应该只是简单的政府主导行为，以单纯增加旅游厕所的数量为最终目标。而应该是一项社会工程，需全社会参与、融合各个行业对旅游厕所革命的观点和建议，进行合理的规划、多样化的设计和技术上的创新。旅游厕所要革命，首先得提升如厕体验感和附加功能，目前由本人主持研发的旅游风景移动型厕所、生态节能创意厕所、儿童旅游观景厕所等均已经得到了突破性进展，准备择时发布。

本期《旅游规划与设计》"旅游厕所专辑"的编辑与出版，就是主编吴必虎教授在今年年初为响应国家旅游局部署而提出来的。感谢杂志社的盛邀，本人有幸主持编辑了这一辑期刊，同时自己在审稿的过程中也感触颇深。"厕所革命"涉及的学科广泛，编辑过程中也常是取舍难断，因而也与编辑部的同志们展开了一轮又一轮的讨论商榷。编辑部新上任的林丽琴主任、陈静副主任和沈蔷编辑都为此付出了极大的努力。这里我深表谢意！

在这里，更要感谢国家旅游局的领导和相关司室，正因为他们的支持与帮助，才使得《旅游规划与设计》的"旅游厕所专辑"能够及时而准确地向读者展现出文稿的全国视野。本期专题的作者，很多都是有着丰富的规划设计经验的行业专家和学者，这些文章既有对理论和历史的研究，又有着独到的设计和思路。希望本辑读物的出版，能够为中国的旅游厕所革命发展前行提供参考和借鉴。相信大家本着同一个目标，一定能将这场旅游厕所革命进行到底。

本期特约主编：

文艺
北京大地风景旅游景观规划设计有限公司副总经理
2015年11月30日 北京

目 录

6　旅游厕所革命

8	旅游要发展　厕所要革命	李金早
14	2015年上半年旅游厕所建设管理行动	国家旅游局综合司
16	旅游厕所革命开展态势及思考	高舜礼　邢丽涛

24　厕所文化与行业规范

26	中国的如厕历史与文化	毛天哲
34	世界风景厕所发展与研究	唐健霞　吴建星　马若峰　何　颖
46	国家标准：旅游厕所质量等级的划分与评定（送审稿节选）	
		国家旅游局监管司标准化处供稿

54　"第一届全国旅游厕所设计大赛"得奖作品设计思路

56	严寒旅游景区无水生态化厕所设计	
	——旅游景区厕所生态化设计理念及技术	史春龙
62	诗画江南旅游厕所方案设计	谢慰慰
66	中德生态园旅游公厕方案	尤　琪　支　帅

70　旅游厕所的多适应性：规划与设计实践

72	北京市旅游厕所改造与提升	张金山　王　伟
78	自然保护区风景旅游厕所设计思考	
	——以环长白山慢行绿道风景旅游厕所设计方案为例	王文娇　徐晓东
88	新型旅游风景厕所设计的实践研究	孙　晨
92	旅游度假区"厕所革命"的实践思考	
	——以东钱湖国家级旅游度假区为例	苏少敏

98　国外及中国台湾地区旅游厕所借鉴

100	台湾友善公共厕所规划设计理念——以主题乐园为例	吴忠宏　曾维德
108	世界厕所组织（WTO）推进"厕所创新"——厕所让生活更美好	李　孜　蒋雨婷
118	他山之石：国外厕所怎么做	《中国旅游报》供稿

旅游厕所

CONTENTS

6 Tourist Toilet Revolution
8   Toilet Revolution for Tourism Development   *by Li Jinzao*
14   Tourist Toilet Construction and Management in the First Half of 2015   *by the Comprehensive Coordination Department, China National Tourism Administration*
16   The Tourist Toilet Revolution: Current Situation and Reflections   *by Gao Shunli, Xing Litao*

24 Toilet Culture and Industry Standards
26   The History and Culture of Toilet in China   *by Mao Tianzhe*
34   Toilet as Attractions: Evolvement and Research   *by Tang Jianxia, Wu Jianxing, Ma Ruofeng, He Ying*
46   National Standard: Classification and Evaluation of Tourist Toilets (Selected To Be Approved)   *by China National Tourism Administration Industry Supervision and Management Department Standardization Division*

54 Design Inspirations of The First National Tourist Toilet Design Competition
56   Ecological Toilet Design for Tourism Scenic Spots in Cold Region: Design Concept and Technology   *by Shi Chunlong*
62   Tourist Toilet Design by Shihua Jiangnan Design Company   *by Xie Weiwei*
66   Tourist Toilet Design by a China-Germany Eco-park Team   *by You Qi, Zhi Shuai*

70 Multi-adaptability of Tourist Toilet: Planning and Design Practice
72   The Upgrading and Enhancement of Tourist Toilet in Beijing   *by Zhang Jinshan, Wang Wei*
78   The Design Inspiration of Scenic Tourist Toilet in Natural Reserve: The Case of Changbai Mountain Greenway   *by Wang Wenjiao, Xu Xiaodong*
88   The Practice of New Style Scenic Tourist Toilet Design   *by Sun Chen*
92   Tourist Toilet Revolution in Resorts: The Case of Dongqian Lake Tourist Area   *by Su Shaomin*

98 Experiences and Good Practices
100   Planning and Design Principle of Friendly Public Toilet in Taiwan: A Case Study on Theme Park   *by Wu Zhonghong, Zeng Weide*
108   World Toilet Organization (WTO) Promotes "Toilet Innovation": Better Toilet, Better Life   *by Li Zi, Jiang Yuting*
118   Tourist Toilet: Learning from Other Countries   *by China Tourism News*

Tourist Toilet

海南呀诺达旅游厕所

图片来源:《中国旅游报》提供

旅游厕所革命
Tourist Toilet Revolution

李金早	旅游要发展 厕所要革命
国家旅游局综合司	2015年上半年旅游厕所建设管理行动
高舜礼 邢丽涛	旅游厕所革命开展态势及思考

旅游要发展 厕所要革命
Toilet Revolution for Tourism Development

文 / 李金早

【作者简介】

李金早 国家旅游局局长

图1 2015年2月26日"全国旅游厕所工作现场会"在桂林召开

2015年春节后上班第一天，国家旅游局在桂林召开全国旅游厕所建设和管理工作会（图1），在全国范围大力推进厕所建设和管理。这是全国旅游工作三年（2015~2017年）行动计划（即"515"战略）的一个重要部分。

1 为什么要进行厕所革命

习近平主席指出："旅游是传播文明、交流文化、增进友谊的桥梁，是人民生活水平提高的一个重要指标。"而厕所是文明的重要窗口，是旅游过程中必不可少的基本要素，是一个国家和地区文明程度的重要体现。改革开放以来，我国创造了举世公认的经济高速增长奇迹，但是社会发展仍有许多短板。在我国旅游领域，厕所脏、乱、差、少、偏，是人民群众和广大游客反映最强烈的问题，是社会公共服务体系和旅游过程中的最薄弱环节。我们要从人民群众最关注的具体事情抓起，从广大游客反映最强烈的问题抓起。

之所以将这次旅游厕所建设和管理行动称为"厕所革命"，是因为这不是一个简单的项目，不是某个行业单独能够完成得了的任务。面对几千年来形成的歧视厕所、鄙视厕所、忽视厕所、厕所文化缺失及顽固的如厕陋习，面对中国旅游业快速发展中天文数字的厕所需求和巨大的厕所欠账，当然需要一场革命！需要我们从思想认识、文化观念、政策措施、体制机制等方面进行一系列广泛且深刻的变革！

1.1 吃饭是人生之本，如厕是人生之急

俗话说"人有三急"，其中"内

图2 李金早局长在"全国旅游厕所工作现场会"上发言

急"排在首位，可以说是急来如山崩，刻不容缓，许多人可能都遭遇过在公共场合腹中"十万火急"而苦于不能及时找到厕所的窘态。在2015年全国旅游工作会议上，我们提出，在"吃、住、行、游、购、娱"旅游六要素基础上，概括出新的旅游六要素："商、养、学、闲、情、奇"。现在看来，这两个"六要素"还不够。有必要增加"厕"和"文"，拓展为两个"七要素"，就是："吃、厕、住、行、游、购、娱"，"文、商、养、学、闲、情、奇"。之所以增加"厕"要素，并放在"吃"的后面那么重要的位置，是因为如厕是吃饭之后最基础、最紧迫的原始需求，属于旅游的基本要素，而人们往往最不注意。将"文"作为一个旅游要素，并置于新"七要素"之首，是由于文化是旅游的灵魂，是旅游魅力之所在，旅游的各个环节都应具有文化内涵。如厕环节也应有健康的厕所文化。

1.2 厕所虽小，却是一个国家和民族给世人的第一印象，是文明的窗口

一个国家可以给人很多印象，但是最直接的第一印象，或者能够划入第一印象之列的，理应包括厕所。国家之文明，公民之素质，很大程度上由此体现。在许多发达国家，不管你走到哪里，厕所都是很干净的，这是一个国家文明的第一表现。厕所不仅为人们日常生活和旅游所必需，厕所建设和管理的好坏，还是一个城市和国家文明程度的标志，是生活水平质量和国民文明素养的标志，甚至是价值取向的一个标志。从这一角度看，"厕所革命"是一项国家文明工程。通过有效的厕所建设和管理，为游客创造优美环境，以环境温馨人，以环境影响人，以环境教化人。

1.3 厕所状况是一个国家综合品质、综合实力的体现

不敢想象，一个地方的GDP很

高，可是厕所脏乱差，人们对这个地方、这个城市、这个国家的评价会高？综合实力不是完全靠经济规模、靠高楼大厦、靠航空母舰等硬指标来评价的！所谓综合实力，既有物质的又有精神的，既有硬实力又有软实力。我国是一个拥有五千多年历史的文明国度。"仓廪实而知礼节，衣食足而知荣辱"。现在，我们的仓廪比以前实了，可是为何缺失应有的如厕礼节呢？我们的衣食比以前足了，可是为何没有相应的厕所荣辱观呢？这不得不令国人反思！厕所建设和管理的严重滞后，是我们与世界旅游强国之间的一项明显差距，也是与许多发达国家现代文明生活的一项重要差距。我们能够把人送到外太空，可是为什么直到今天还解决不了小小的厕所问题呢？

1.4 厕所是我国社会文明和公共服务体系的短板，也是我国旅游业最突出的薄弱环节，是横在我国旅游业发展车轮前的一道坎

有人说得好，一位游客不会因为某地的厕所好才去旅游，但是他（她）很可能会由于某地厕所令人恶心而不愿再去那里旅游。外国游客对中国旅游环境反应最强烈，印象最差，而又感到最无可奈何的问题就是厕所。一位侨居海外40多年，曾任飞行员的先生给我写信反映："2013年秋，三峡之游偶遇德国旅行团百余人，交谈之下他们对中国方方面面都赞不绝口，唯独最令人困扰的就是景区公厕问题。其中一个德国女士因为厕所没有干净的座厕直接尿裤子让我看到了，苦不堪言。""由于欧美国家人民的生活差异，他们从小习惯了座厕，加之体型庞大，来到中国非常不习惯中国的蹲厕，虽然国内的名胜古迹数不胜数，但是这一个小小的厕所问题却让外国友人十分尴尬，面对中国的蹲厕，他们蹲下去起不来，腿脚发麻甚至摔倒，而且厕所卫生状况堪忧，让外国旅客无可奈何。我只有建议他们来中国上厕所务必带拐杖或者雨伞。"很多游客、特别是一些青年学生来到我国旅游，原本想要看看四大文明古国之一是怎么回事，可是一进厕所马上就逃出来，感到吃惊、恶心。来这里旅游不敢多吃不敢多喝，就是怕"方便"。如厕遇到的一幕一幕恐怖的景象让很多来华旅游的外国人终生难忘。在此情况之下，我国旅游产业怎能大发展？

许多地方不惜花大量人力、财力、物力去推介旅游景区景点，却不愿去扎扎实实地建设好厕所，管好厕所。殊不知，一个脏乱差的厕所可以瞬间毁掉你在旅游推介上所作的巨大努力，而且负面影响很难消除。在新形势下，我们的旅游业要发展，必须解决一系列公共服务欠缺问题，其中尤为重要、尤为基础的就是厕所问题。经过多年的努力，各地在厕所建设与管理方面虽然有了一定进展，但总体上，我国厕所的现状还是"脏、乱、差、少、偏"。

作为年接待游客超过37亿人次的旅游大国，厕所无论如何都不是一件小事。据测算，国内旅游一趟平均每人上8次厕所，所有游客每年在旅游厕所如厕次数超过270亿次，这真是个天文数字。要真正让广大游客游得放心、游得舒心、游得开心，在旅游过程中发现美、享受美、传播美，首先就要解决厕所问题。很多经常旅游的人都曾遭遇过这样的尴尬：一路风光旖旎，突然内急，到处寻找厕所，一是很难找到厕所，二是克服千难万险，好不容易找到一个厕所，可是一走进去，立马进退两难，里面污秽不堪，气味更是难闻，但自己又急得难耐，只能硬着头皮进去，又急匆匆逃出来，这时候，再好的美景也早已索然无味了。

厕所问题长期困扰着我们，几成无解之题。正因如此，我们才明确提出"旅游要发展，厕所要革命！"要从旅游厕所革命入手全面推进旅游公共服务体系建设，促进旅游发展和品质提升。要将旅游业培育成为真正让人民群众更加满意的现代服务业，真正建成世界旅游强国，就需要从厕所这类基础事情抓起。

1.5 厕所是游客的基本需求，更是政府必须履职的基本责任。我们将厕所建设、管理作为推进旅游公共服务建设的重点和突破口

与蓬勃发展的"吃、住、行、游、购、娱"六要素相比，由于传统观念局限和机制创新不足，以及商业投资和运营的内在动力缺乏，厕所这个最原始、最基础的要素依旧窘迫黯然。打个不一定十分恰当的比喻，现在沿途"讨饭"已经不见了，但沿途"讨厕"却很普遍。在厕所建设和管理中，各级政府及旅游主管部门应主动作为，将厕所建设、管理作为推动旅游公共服务体系建设的切入点和引爆点，让游客的旅游变得更温馨、更便利、更安全。

很有意思的是，世界上有3个国际组织的英文简称同为"WTO"。一个是世界贸易组织（World Trade

Organization），一个是世界旅游组织（World Tourism Organization），一个是世界厕所组织（World Toilet Organization），世界厕所组织还将每年的11月19日确定为"世界厕所日"。而旅游厕所，是三个WTO的一个很奇巧的结合部。一个看似小小的厕所，为何也能登世界大雅之堂，与世界贸易、文化、政治等重大领域一样拥有自己的国际组织，而且还设立"世界厕所日"呢？

这说明，厕所不是一个个人问题、地域问题，甚至不是一个国别问题，而是全世界、全人类的事情。正如世界厕所组织发起人所说："厕所是人类文明的尺度。"厕所是全人类、全世界共同关注的民生需求，是精神需求与物质发展的结合体。厕所虽小，却是一种全世界通用的嗅觉语言和视觉语言，是文明沟通中最短的直线，厕所作为展现人类基本需求不断升级的一个窗口，体现着人类文明的进化历程。

这也说明，厕所被我们忽略得太久了，迫切需要引起国人重视，迫切需要引起全世界关注！迫切需要人们致力于全球性的厕所文化建设，倡导清洁、舒适、健康和文明如厕的先进厕所文化。

这还说明，厕所作为文明的窗口，作为一个国家和地区综合实力的标志，作为一个不可或缺的基本要素等认识逐渐深入人心，厕所好坏越来越事关国家形象和国民文明素质。可以说，一个国家厕所建设管理的水平，关乎它能否立足于世界民族之林，关乎它能否成为世界大家庭中的合格一员。缺乏厕所文明的国家，难以与世界亲密接触，难以进入世界文明之列，更何谈建设世界旅游强国

图3 李金早局长与国家旅游局其他领导人在桂林视察

的梦想？作为一个世界大国、文明古国和旅游大国，又是厕所严重短缺且管理滞后的国家之一，我们有什么理由不进行厕所革命呢？

2 如何进行厕所革命

2.1 观念变革

几千年来，我们的传统文化重"进口"不重"出口"，只谈美味佳肴，将厕所看作污秽之地而羞于启齿，厕所议题一直难登大雅之堂。推进厕所革命，迫切需要建立厕所是文明窗口的观念。厕所不应再作为脏乱差的代名词，不应再作为精神和物质的垃圾场，而应成为人们放松、愉悦、享受之地。庄子就说过"道在屎溺"（道之无所不在）。欧阳修称自己许多锦词丽句诞生于厕上（他在《归田录》中写道："余平生所作文章，多在三上，乃马上、枕上、厕上也。"）我们要向全社会呼吁：要像重视餐厅一样重视厕所！要像打理客厅一样打理厕所！要像美化景点一样美化厕所！

2.2 政府主导

厕所是旅游公共服务设施，也是重要的地方基础设施，应明确地方政府为主体。着力推动地方政府将厕所纳入当地政府基础设施建设规划中，推动业主单位、主管部门和地方政府在厕所建设、管理中承担主体责任。旅游部门要加强对旅游厕所建设与管理的指导，配合规划、城管、交通、环保等部门发挥作用。旅游景区、宾馆饭店、旅游餐饮点、旅游购物场所由相关旅游企业负责建设和管理；旅游交通线路应由交通部门规划建设管理，旅游部门积极配合；旅游步行街区、旅游集散点等，由政府主导，采取以商养厕等办法推进；乡村旅游点由经营农户为主体建设管理，旅游部门强化指导。厕所建设、管理涉及部门多，需统筹协调，各级政府要坚持统筹规划、分步实施。新建、改扩建厕所数量要与接待游客规模成比例，要坚持科学规划、合理布局，新建、改造的要结合旅游厕所标准和利用实际，宜改则

改，宜建则建。到2017年底，全国旅游景区景点、旅游线路沿线、交通集散点、乡村旅游点、旅游餐馆、旅游娱乐场所、休闲步行区等的旅游厕所要达到优良标准，实现"数量充足、干净无味、免费使用、管理有效"的目标。各地旅游委、局要对现有旅游厕所分布、使用、管理情况进行详细调查，重点对本区域内旅游景区、旅游交通线路沿线、重要旅游集散地、重要乡村旅游点的厕所缺位情况进行摸底，拿出建设工作方案，做到布局合理、数量充足、合乎标准。

2.3 机制创新

厕所革命要取得成功，关键在于机制创新，要建立市场化、社会化的建设、管理机制。"三分建设、七分管理"。许多厕所建得很好，但管理跟不上，结果可想而知，还是"脏乱差"。厕所问题之难，难就难在厕所的建设者、管理者责任缺失，而对使用者又难以监督。要创新建设、管理机制，探索"以商养厕"之路。要把厕所作为新的发展机会、新的商机，让厕所建设、管护有商可经、有利可获。只有这样，持续管理和服务质量才有保障。在厕所建设与管理中引进市场化机制，推进以商养厕，因地制宜探索不同的建设、管理模式：一是景区景点内的厕所，要与景区内的经营服务项目结合；二是在街道等公共场所可将厕所与商铺、摊位挂钩，应让厕所管护者通过商铺、摊位赚钱；三是更大范围的城市厕所建设管理，可以采取公私合营模式。政府统筹规划布点，以相应的土地、资金、税收等配套措施来支持，引进专业化的厕所公司进行品牌化、网格化、规模化连锁经营，推进旅游厕所建设与管理的市场化。"以商养厕"方式，还可以有更多创新。15年前桂林进行过"以商养厕"的探索。实践表明，实行"以商养厕"，需要发挥政府主导作用，做好规划统筹、用地支持，研究出台水电优惠、税收优惠等一系列有效的扶持措施，在保持厕所公益性导向的前提下，使得厕所建设者和管护者有商可经、有利可获。小小的厕所，其建设和管理涉及旅游、规划、工商、税务、建设、环保、市政、环卫等许多部门，涉及社会公众，需要按照"市场化、社会化"的理念，有效地整合和充分利用各种资源，多形式、多渠道解决厕所短缺和管理不善的问题。

2.4 技术革新

现代厕所，是新材料、新技术的集合体。一部厕所史，也是一部厕所技术变革史。1596年抽水马桶由英国人哈林顿发明，以后厕所开始逐渐推广，抽水马桶带来了第一次厕所革命，给全人类带来了福音，成为现代文明的一项重要标志。几十年来，我国的厕所经历了由露天到室内，旱式到水冲，由技术简单到复杂、综合的历程，技术上取得了很大进步。但与发达国家相比，我国厕所建设与管理的技术应用水平总体上仍然比较落后。要结合实际，积极采用新技术、新材料来建设厕所，用科技成果武装厕所，使厕所符合现代时尚、方便实用、节能节水、保护环境等要求，让厕所更经济、更环保、更便捷、更人性、更易维护、更耐用。在无上下水系统依托的景区景点，应尽量选择能使污物自然化解，不造成环境污染的合适地点，加强自然通风措施，并采用"生态厕所""沼气化粪"等先进技术，保持厕所整洁，内部干燥干净，无异味。有针对性地解决各地旅游厕所建设与管理中的难题，南方、北方的厕所，要因地制宜探索使用适合本地区特点的新技术、新材料，探索高原寒冷地区如何解决厕所的防冻问题，在缺水地区如何解决厕所的冲洗问题等。

2.5 务实推进

旅游厕所建设与管理行动工作量大，涉及面广，延续时间长，困难多，因此，我们要敢于担当，迎难而上，采取切实可行的措施。一是强调实用、便利，不搞不切实际的奢华之作，不搞那些华而不实的东西。我们不评高星级厕所，不搞花架子，不把大家引导到厕所建设追求面子工程上来。华而不实的面子工程是不能持续的。这不是老百姓所需要的，不是游客所需要的。要从游客的便利、温馨角度来要求，站在游客的角度来确定厕所的数量、位置布局及施工设计，坚持以游客为本，体现人性化。厕所要够用、实用，但不要贪大求洋、闲置浪费。旅游厕所的建设，要尽量做到与周围环境和谐，力求数量与质量、实用与美观的协调。二是坚持建管结合，管理持续。许多厕所无电、无水、无人管理，成了既不好看又不好用的"面子工程"，浪费了资源，浪费了人力、财力、物力。应重点解决只建不管、管理不善的问题。在厕所规划建设时，同步考虑厕所的运营问题、管理问题，要探索长效的管理机制体制，让厕所建了有人管，有人愿管，而且管得好。三是明确责任，积极推动。我们将把旅游厕所建设管理的工作水平、效果作为评估省区市旅游工作业务水平的一项重要内容。国家旅游局从2015年开始要试行对地方旅游主管部门主要业务工作进行评估，重在鼓励先进、鞭策后进。旅游厕所建设管理行动就是其中一项内容。再者，要将厕所建设和管理的效果与景区景点评定和各类等级评定挂钩。不论评A级景区，还是评度假区，如果厕所建设管理不达标，就不能通过等级评定，实行一票否决。2015年起还要实施A级景区景点的退出机制，很重要的一条就是看厕所建设、管理是否到位。

2.6 文明如厕

推进厕所革命，仅有厕所的建设者、管理者行动起来还远远不够，还要有厕所使用者的努力。需要在全社会大力倡导文明如厕，形成健康文明的厕所文化。文明如厕，首先要从每个人自己做起。我们需要先自我"革命"，每个人都应养成文明如厕的良好习惯，不乱涂乱画，爱护厕所设施，尊重厕所管理人员的服务。其次要鼓励相互监督，要与不文明的如厕行为作斗争，批评和制止野蛮、粗鄙的如厕行为。要让大家明白，文明如厕与每个人都息息相关，前一个如厕者的不文明行为，必然直接影响到下一个如厕者，而下一个如厕者也许就是你自己。维护大家的权益也是维护自身的权益。只有全社会每一个人都能自觉做到文明如厕了，厕所革命才能真正落地生根，革命之花才能越开越盛，革命之果才能越结越实！如厕不文明，是我国公民在境外饱受诟病的痛点之一，我国公民在境外的形象受到一些负面评价，许多就与不文明如厕行为有关。这不能不令我们汗颜！不能不引起我们重视！不论境内旅游，还是境外旅游，都应做到文明如厕。要让每一位公民都具有高度的文明如厕自觉性。当然，文明如厕教育，一定要从娃娃抓起，并且需要进行终生教育。

2.7 全民行动

厕所问题与每一位社会成员密切相关，因而需要全民行动起来。旅游厕所建设与管理行动是一项民心工程，也是一项庞大的社会工程、攻坚工程，基础薄弱，工作量大，涉及面广。这是一场社会大动员，不能只是旅游业内的孤立行动，需要调动社会积极性，形成全社会关注推动厕所革命的热潮。我们要鼓励企业和社会团体积极参与厕所建设、管理；鼓励各界人士为厕所建设、管理出谋献策、建言献力；鼓励居民、游客积极监督，制止不文明如厕行为。通过各种丰富多彩的活动，增强人民群众参与旅游厕所革命的积极性、创造性。

习近平主席指出："人民对美好生活的新期待就是我们的工作目标。"我们全力推进"厕所革命"，就是要想游客和群众之所想，解游客和群众之所急。厕所革命的效果如何，最终评判者是游客和群众。我们要将厕所革命的成果，惠及海内外游客和广大人民群众，让他们受益，让他们满意。我们将设计满意度调查问卷，开展随机的满意度调查，并在媒体上公布各地旅游厕所满意度；还要请人大代表、政协委员对各地旅游厕所的建设管理状况进行专题视察；组织业内有关专家对口检查，交叉检查；动员新闻媒体对各地旅游厕所建设管理工作进行系列追踪报道，弘扬厕所建设管理的先进，报道那些厕所脏乱差少的典型地方，特别对一些建设、管理滞后的地方进行曝光；要让全社会监督旅游厕所建设管理行动。今后3年国家旅游局每年都将向全社会公开发布《中国旅游厕所建设管理行动报告》，报告将充分反映各地旅游厕所建设管理工作的举措、进展及经验。要把这项行动作为全社会动员的一场行动，让全社会去推动，去监督。

3 结语

当然，我们也深知，由于我国地域辽阔，各地自然环境和发展水平差异很大，旅游厕所建设和管理整体水平低，历史欠账大，几千年的传统陋习更是根深蒂固，而且，厕所问题是一个涉及全社会的老大难问题，是社会公共服务的薄弱环节，因此，3年的旅游厕所建设与管理行动，不可能一下从根本上全面解决我国由来已久的厕所问题。但是，我们要增强信心，通过我们艰苦细致的工作，呼吁全社会重视厕所问题，呼唤全社会努力建设优秀的厕所文化，经过一代一代人的不懈努力，不断推进我国厕所文明建设！

总之，旅游要发展，厕所要革命；厕所要革命，全民要行动。厕所革命，从我们每一个人做起，先自我"革命"，一起自觉行动起来。

2015年上半年旅游厕所建设管理行动

Tourist Toilet Construction and Management in the First Half of 2015

文/ 国家旅游局综合司

自国家旅游局发动实施厕所革命以来，特别是习近平主席就厕所革命作出重要批示以来，各地主要领导高度重视，地方政府着力推进，全国厕所建设管理行动计划进展顺利。

1 各地主要负责人批示情况

截至目前，共有2/3省份的党政一把手就厕所革命作出批示。其中：书记、省长（主席、市长）均作出批示的省、自治区有14个，分别是：湖北、广东、广西、吉林、江苏、河南、河北、江西、安徽、四川、贵州、陕西、甘肃、宁夏。书记作出批示的省份有1个：云南。省长（主席、市长）作出批示的省、直辖市、兵团有9个，分别是：北京、天津、黑龙江、浙江、山东、湖南、海南、青海，以及新疆生产建设兵团。

2 各地工作推进情况

工作推进力度较大，制定了配套制度、专项工作行动计划、体制机制保障制度的省份有16个，按照工作的系统性排名，分别是：辽宁、吉林、广西、湖北、广东、河南、江苏、四川、甘肃、宁夏、河北、陕西、安徽、北京、浙江、福建。

制定了配套制度和专项工作行动计划的省份有5个，分别是：湖南、海南、黑龙江、云南，以及新疆生产建设兵团。

制定了专项工作行动计划和体制机制保障制度的省、自治区、直辖市有3个：上海、贵州、新疆。

制定了配套措施的省、直辖市有2个：山东、天津。

制定了专项行动计划的省、自治区有6个：山西、江西、重庆、西藏、内蒙古、青海。

3 各地工作计划实施情况

截至2015年7月8日，全国已开工建设旅游厕所共16134座，占全年计划的76.7%。其中，已竣工5613座，占全年计划的26.7%，在建10521座，占全年计划的50.0%。旅游厕所新建和改扩建工作总体进展顺利。

2015年新建和改扩建计划数排名前列的省、自治区是：河南（1947座）、山东（1772座）、吉林（1449座）、陕西（1349座）、四川（1223

图1 内蒙古响沙湾景区的生态旅游厕所

座）、重庆（1070座）、辽宁（946座）、广西（899座）、广东（872座）、湖北（865座）等。

已竣工厕所占全年计划比例排名前列的省、自治区、兵团是：内蒙古、宁夏、辽宁、浙江、湖南、山东、新疆、新疆生产建设兵团、安徽、福建等。

在建的厕所占全年计划的比例排名前列的省、自治区、兵团是：新疆、江西、湖南、浙江、广西、黑龙江、甘肃、新疆生产建设兵团、重庆、辽宁等。

4 厕所革命存在的问题

虽然厕所革命取得积极进展，但由于我国地域辽阔，各地自然环境和发展水平差异很大，厕所建设和管理整体水平低，历史欠账大，几千年的传统陋习更是根深蒂固，而且，厕所问题是一个涉及全社会的老大难问题，是社会公共服务的薄弱环节，因此，还存在以下问题。

4.1 资金短缺的问题

2015年全国新建和改扩建厕所的计划为2.1万座，三年计划为5.7万座，需投入的建设资金数百亿，目前缺口仍比较大。需要全社会参与，形成浓厚的氛围。因资金短缺引起的问题是厕所数量不足、厕所难找、如厕排队、厕所收费等。

4.2 厕所管理问题

厕所"三分建设、七分管理"，目前，各地侧重于厕所建设，厕所管理体制机制还有待进一步探索和完善。因管理不善而导致的主要问题有：厕所内异味较重，厕所蹲位不清洁，设施简陋，没有免费厕纸提供，干手机不正常工作，设备使用不便利，标示图不明确，占用厕所公共空间，厕所环境营造较差等问题。

4.3 厕所技术问题

我国厕所建设与管理的技术应用水平总体上仍然比较落后。高寒、山地、水资源匮乏的中西部地区厕所问题还没有得到彻底解决，"生态厕所""沼气化粪"技术也未得到广泛应用。许多地方存在旱厕、厕所浪费能源水资源，厕所内部不环保、不卫生等现象。

旅游厕所革命开展态势及思考

The Tourist Toilet Revolution: Current Situation and Reflections

文 / 高舜礼　邢丽涛

【摘　要】

旅游厕所是旅游公共服务设施的重要组成部分之一，是旅游目的地服务环境的关键支撑，也是广大游客的诉求之一。近年来，随着中国旅游业蓬勃发展，游客数量节节攀升，旅游厕所建设的滞后却成为横在旅游业发展道路上的一道坎。2015年年初，国家旅游局针对旅游景区厕所脏乱差的现象，发起的一场清理整治活动，计划从2015年开始，用3年时间，通过政策引导、资金补助、标准规范等手段持续推进"旅游厕所革命"。

【关键词】

旅游厕所革命；旅游基础设施；公共服务

【作者简介】

高舜礼　《中国旅游报》报社社长
邢丽涛　《中国旅游报》报社记者

注：本文图片除特殊注明外均由作者提供。

2015年1月15日,全国旅游工作会议在南昌召开,会上发布的旅游发展"515战略"中提到了一个专属名词"旅游厕所革命",并提出将从2015年起"发动全国旅游厕所建设管理大行动(旅游厕所革命)",用3年左右时间,到2017年实现旅游厕所全部达标,厕所一时成为全民讨论的热点。国家旅游局为什么要革旅游厕所的命?全国"旅游厕所革命"开展情况如何?"旅游厕所革命"现阶段存在什么问题?又该如何解决?以上问题均是"旅游厕所革命"开展过程中需要思考的问题。

1 旅游厕所革命开展情况

1.1 为什么要开展旅游厕所革命

厕所看似是小事,却是经济社会发展水平的一个重要标志。

"上车睡觉,下车撒尿"的现象以前是有的,特别是20世纪80~90年代,这个问题曾非常严重。据国家旅游局发布的相关数据显示:国内旅游一趟平均每人上8次厕所,所有游客每年在旅游厕所如厕次数超过270亿次,这270亿人次中,包含的不只是中国游客,还有外国游客。外国游客对中国旅游环境反应最强烈,印象最差,而又感到最无可奈何的问题就是厕所。

旅游厕所是旅游目的地服务环境的关键支撑,也是广大游客的核心诉求之所在。历年来的游客满意度调查表明景区和酒店厕所一直都是游客抱怨的焦点。在2014年度景区各项抱怨指标中,对景区旅游厕所等环境卫生的抱怨比例高达23.30%,仅次于对景区门票性价比的抱怨(26.42%)。而在住宿服务的各项抱怨指标中,对卫生间等客房卫生情况的抱怨比例高达24.37%,仅次于对住宿性价比的抱怨(26.59%)。

"旅游厕所革命"应该说是经济社会发展水平提升的必然进程。随着社会的进步,与旅游密切相关的各个环节都在提升,比如交通方面,高铁出行、飞机出行已经成了新常态;再比如住宿水平也比以前明显有所提升,家庭旅馆、星级饭店等服务水平都提高了。在这种情况下,解决与游客需求密切相关的厕所问题,应该是很自然的。

这个看似"上不得台面"的问题受到国家旅游局的高度关注。国家旅游局局长李金早曾撰文《旅游

图1 云南丽江东巴王国卫生间

要发展 厕所要革命》，提出"我们要像重视餐厅一样去重视厕所，要像打理客厅一样去打理厕所，要像美化景点一样去美化厕所"，并提出"吃、厕、住、行、游、购、娱"旅游七要素，增加"厕"并放在吃后面，就是因为吃饭是人生之本，如厕是人生至急。

1.2 厕所发展经历的各个阶段

从历史长河来看，人类的厕所经历过三个时代。

第一个时代是厕所的诞生，以划分男女为标志（图2）。在文明出现以前，人类同各种动物一样，习惯把粪便埋藏在下风方向。当时并不是为了卫生，这样做的主要目的是安全需要，避免天敌找到巢穴，这不算是厕所。在人类男女之间有了羞耻感之后，厕所中间产生了那道墙。尽管是很简陋的旱厕，但是这道墙，就意味着人类开始有了文明。这是厕所的第一个时代，具有划时代的意义。此后绵延数千年都是旱厕的不断进步。

第二个时代是卫生厕所的时代，以抽水马桶的出现为标志。抽水马桶的出现，意味着厕所进入了卫生文明阶段，它不仅仅是解决了性别尴尬问题，还把厕所内的卫生程度提升到了一个史无前例的高度。但是这种厕所并未解决对外排放的环境友好问题，或者说它带来了相应的环境问题，当使用人数有限的时候，环境尚能承担。尽管如此，也会偶发疫情，近的如2003年3月香港淘大花园"非典"爆发事件，远的如跟下水道有关的中世纪欧洲鼠疫。

当抽水马桶使用普遍以后，问题就更加突出了，尤其在缺水地区，给水排水管网不发达，污水处理不便，容易造成环境污染。在不缺水的地区，人口密度又很大，污水处理厂负荷过大。可以说，抽水马桶只带来了卫生文明，把环境问题留给了外部和后续过程。

第三个时代应当是环保厕所，就是既能满足厕所内部的卫生文明需求，又能关照厕所外部的环境文明需要，即环保卫生厕所。可以说我们正处于第三代厕所刚出现的萌芽状态。

2 旅游厕所革命全国的发展态势

"旅游厕所革命"提出后在全社会引起了强烈反响，从国家层面到各级地方政府，从各大媒体到游客群众，纷纷为其"点赞"。

2.1 各级政府积极响应
2.1.1 国家旅游局带头引领

国家旅游局印发了《全国旅游厕所建设管理三年行动计划》，《计划》明确，从2015年到2017年，通过政策引导、资金补助、标准规范等方式持续推动，3年内全国共新建、改扩建旅游厕所5.7万座，其中新建3.3万座，改扩建2.4万座，其中2015年，全国新建旅游厕所1.3万座，改扩建旅游厕所9500座。

为推动"旅游厕所革命"的顺利开展，国家旅游局组织了系列活动，包括组织开展"第一届全国旅游厕所设计大赛"，面向全社会公开征集旅游厕所设计方案；启动"厕所革命万里行"主题采访调研活动，围绕厕所革命"热点行""难点行""亮点行""冰点行"四部分展开活动；在第七届中国国际旅游商品博览会专门为旅游厕所设立展馆，展会期间邀请世界厕所组织、世界洗手间协会等国际组织举行2015旅游厕所研讨会；研究开发了"全国旅游厕所信息管理系统"，以此为基础对各地旅游厕所建设管理开展检查推动、绩效考核、舆论宣传等工作。

除了上述行动，为指导各地开展旅游厕所建设，国家旅游局正在修订《旅游厕所质量等级的划分与评定》标准。新标准提倡简约、卫生、实用、环保，反对豪华，取消四、五星级档次，按照从低到高的顺序，分为1A至3A，共3个等级。

2.1.2 各个地方政府全力推动

自国家旅游局发动实施"旅游厕所革命"以来，各地高度重视，各省市自治区、重点旅游城市，都启动了相应的统一部署，开展各具特色的旅游厕所行动。据不完全统计，截至目前，全国600多个地方已出台相应的旅游厕所行动，全国已开工

图2 一民族地区的男女厕所标识

建设厕所共16134座,占全年计划的76.7%。其中,已竣工5613座,占全年计划的26.7%,在建10521座,占全年计划的50.0%。

各地采取了一系列积极推动"旅游厕所革命"的措施。江西庐山、井冈山等60多家景区集体发起"厕所革命先锋行动";河南将厕所革命与各类创建活动、旅游发展专项资金、督导考核直接挂钩;吉林实行"建、改、扩、精、养、管"相结合;山东动员各机关、企事业单位联合参加"厕所开放联盟"文明公约;江苏推广免水冲洗生态环保厕所;浙江实行厕所环境"一票否决";陕西将旅游厕所作为打造陕西旅游"升级版"重要抓手;四川实施旅游厕所优化提升、技术革新文化创意三大工程;广西注重人性化、实用性、特色化相一致;福建发挥财政资金杠杆作用,支持引导厕所项目建设;海南绘制厕所地图并实现网络化,便于公众搜索和使用;北京制作了全市旅游厕所电子地理信息图,实现全市旅游景区、民俗旅游村、京郊旅游新业态旅游厕所资源信息电子化检索……

2.2 企事业单位参与度高

全联旅游业商会积极参与厕所革命、主动捐助建设厕所;湖北省鄂西生态文化旅游圈、北京首都旅游集团、中信旅游集团、中国国旅集团、北京万达旅业、携程旅游集团、北京春秋旅行社等大型旅游企业纷纷投身到"旅游厕所革命"中来。

为助力"旅游厕所革命",中国旅游协会和中国旅游景区协会与奇虎360网合作,充分利用互联网技术并发挥手机的作用,逐步将景区厕所纳入专门的厕所信息库和移动互联平台。

在企业积极投身建设、为厕所建言献策的同时,专业机构也在推敲设计、建设方案,为行业把关、作示范。如北京蓝洁士科技发展有限公司、湖南真创环保科技有限公司、上海华杰生态环境工程有限公司等为迎接"旅游厕所革命",专门研制生产智能环保厕所、旅游移动厕所、微水冲移动厕所、高档水冲移动厕所、玻璃钢移动厕所、打包移动厕所、拖挂移动厕所、车载移动厕所等多种不同类型新技术产品,同时,针对不同景区的不同施建需求,提供移动厕所设计、生产、运输、安装、运营管理等全方位解决方案咨询。

2.3 各大媒体关注度高

自2015年1月15日全国旅游工作会议召开,"旅游厕所革命"这一概念走进了公众视野,成为媒体报道焦点,引发舆论关注。

媒体的报道以正向报道及评价为主,"反对豪华""提倡环保"等信息被突出强调。3月以来,随着更多省市积极推进"旅游厕所革命",各地相关宣传报道陆续推出,加之国家旅游局局长李金早接受新华社专访、发表署名文章等,推高"旅游厕所革命"相关舆论。

截至2015年10月5日,在百度搜索引擎中,与"厕所革命"相关的网络链接已达3740000个,与"旅游厕所革命"相关网络链接已达2090000个。通过对各种新闻报道、微博、微信的各种相关评价监测表明,来自各方面的报道几乎都是高度一致好评。

以《中国旅游报》为代表,从2015年3月份开始,开设专版持续宣传报道各地"旅游厕所革命"开展情况。在此基础上,围绕"旅游厕所革命"顺势推出了旅游厕所高端对话系列,分为"建设篇"(《建设该怎么

图3 广西桂林阳朔世外桃源景区厕所图片　　余昌国/摄

搞?》)、"管理篇"(《管理该怎么提升?》)和"西部篇"(《西部该怎么抓?》)3期,赢得了各界一致好评。

"旅游厕所革命"影响面广,受到国际广泛关注。境外媒体、社会也关注中国的"旅游厕所革命",普遍对中国政府将旅游厕所作为一个重要行动表示赞许。世界旅游组织等国际组织,对中国的旅游厕所革命给予了高度赞许。根据中国旅游舆情智库网络舆情监测系统显示,对此次"旅游厕所革命"关注度较高的媒体主要为亚洲媒体,香港《经济日报》《大公报》,台湾《苹果日报》《旺报》,新加坡星岛环球网,印尼《国际日报》等均刊载了数篇相关报道,报道内容主要是对境内媒体报道的转载,其中《国家旅游局长:要像重视餐厅一样重视景区厕所》一文转载量较多。

也有个别媒体针对"旅游厕所革命"发表了评论。英国《每日电讯报》报道称,随着中国中产阶层的壮大以及旅游者越来越多,这个国家似乎终于认识到其户外公厕的标准不尽如人意,有待改善。台湾《旺报》发表评论文章《陆厕所革命须人民觉醒》,通过检视台湾公厕进步史,进而提出"民众不理将难落实"的看法。文章举例称,为调整民众习惯,维持公厕地板干爽,台湾曾发起"弹指神功"运动,取得良好效果,由此主张"厕所革命"须民众先改变观念。

2.4 其他(网民)

自国家旅游局提出"旅游厕所革命"的概念,受到各地方政府和主流媒体的支持,多地出台旅游厕所治理细则,自媒体平台讨论热烈。

网民积极肯定"旅游厕所革命"的倡议,认为目前中国旅游厕所现状一定程度上影响了景区和城市形象,甚至是国家形象。同时,网民认为革命的重点在于厕所文化建设,呼吁以厕所革命为切口,进行中国旅游环境的整体革新。

3 旅游厕所革命现存问题

3.1 空间分布不够合理

3.1.1 区域布局不均衡

首先,就全国范围来讲,在西部地区,包括东北部分地区,旅游厕所建设相对较差,尽管与土地、资金有一定关系,但是更多的可能跟经济发展水平或者当地政府的重视程度有关。西部地广人稀,气候条件较为恶劣,经济社会发展水平相对滞后。但是西部是我国旅游资源非常丰富的地区,有许多绝美、大美之景,每年吸引着大量游客,全国旅游行业正在开展的这场"旅游厕所革命",在西部地区能否取得实质性进展,直接关系到这项工作的整体水平,也是这项工作的最大难点之一。

3.1.2 城乡布局不均衡

目前,我国乡村旅游厕所的建设比较滞后,仍有大量旱厕存在,尤其是一些小型的农家接待场所还存在这种情况。实际上,如果在乡村实行水冲厕所,那么冬季一到,管道就结冰冻住了,为此,如何解决乡村厕所的上下水问题就显得更加迫切。

3.1.3 微观布局不合理

当前,部分旅游厕所存在位置偏僻、标示指引不明确等问题,从而使得这部分厕所经常处于闲置状态,未被充分利用起来,可以说,在一定程度上导致了资源的浪费。

3.2 厕所运营模式有待探讨

采取何种运营模式?是否收费,如何收费?是否有合适的激励机制和进入、退出的机制?均需要在开展过程中思考和探索。

3.3 信息服务亟须完善

长期以来,"找厕、如厕难"是很多游客的"痛点"。厕所大量新建、扩建从供给层面解决了数量不足等问题,但如何让使用者更方便地寻找到厕所则显得日益重要。

3.3.1 标识不明确、不突出

在旅游设施建设过程中,普遍存在对隐性服务注意不够,忽视标识系统建设等问题。目前,旅游厕所标识系统也存在不完善、不便利、不明显等问题,导致旅游者在游览活动中对厕所的方位、线路的选择等茫然无措,直接影响旅游者的旅游质量,为此,明显易懂的厕所标识牌设计就显得重要起来。

3.3.2 "互联网+"思维运用不恰当

2015年以来,中国的一些厕所APP也开始活跃起来,如上海公厕指南、北京公厕查询、广州城管便民服务、噢粑粑、快速找厕所等软件均可以下载应用,手机用户从网上下载这些软件后,就可以通过软件在专门标注有公厕位置的地图上查找离自己最近的公厕。在此背景下,有些地方政府也开始开发相关的APP软件,政府专门单独开发厕所APP,各自为战,这种做法不仅成本高,也不利于游客的使用,甚至纷繁复杂的软件也让游客"傻傻分不清楚"。

图4 美国搜寻卫生间手机应用程序Airpnp

宅,使用者在如厕后还可以打分,供"后来人"参考。

3.4 文明意识仍需提高

多抽卫生纸、污染如厕设施、便后不冲厕、如厕时不锁门……这类不文明如厕行为在各大旅游景区似乎司空见惯,每到旅游旺季,游客太多,导致厕所不好管、打扫来不及、卫生纸刚一放上就没了的现象时有发生。这种不文明用厕行为不仅会严重影响到下一位使用者的美好心情,也会给游客自己带来不便,甚至是伤害。

实际上,从经济学角度上讲,这便是著名的"公地悲剧",即当资源成为公共产品,有许多拥有者时,就会导致资源的过度使用,而公众素质教育缺位是一个重要原因。

在这一点上,美国的做法值得学习。美国曾推出过一款手机应用程序Airpnp(图4),它能帮助使用者找到附近提供厕所的商户或私人住

3.5 缺乏深度认识

旅游厕所在建设中遇到的一些技术问题、资金问题,说到底还要归之于一个认识问题。

首先,很多地方在旅游开发时,面临的困难应该说比建旅游厕所大得多,关键是应该有一个理念,就是把旅游厕所当作是做好旅游的必须服务的要件考虑。各地对旅游厕所在旅游发展中的重要性、对旅游品质和形象的影响程度等认识不足,舍不得花钱,舍不得下功夫,舍不得出力气。

其次,大众对旅游厕所的认知还没有上升到文化品位、健康生活、文明体现、旅游品质乃至一座城市和一个国家的形象上来,总觉得厕所是个小事,没有把旅游厕所作为整个旅游要素中的重要组成部分来认识。

4 解决的方案

4.1 优化空间布局,重视人性化设计

优化空间布局重点在于提高旅游厕所设置的合理性与可达性。尝试通过地方立法,规定各景区、旅游区、娱

图5 宁夏沙湖与沙山融为一体的厕所

图6 云南旅游厕所内设

乐场所等地方必须提供厕所服务。

在布局上,要让游客想方便时找得到,要方便时来得及;在数量上,既不盲目铺摊子,片面追求数量,又要够用管用。

为优化旅游厕所的空间布局,需要对已存厕所的布局情况进行全面的梳理:针对由于微观布局不合理造成人流量不达标、服务效果不明显的厕所,进行整改或撤除;对于新建设的厕所除了坚持统一规划、科学评估的要求,同时还要做好游客意见的收集整理工作,选址、规模、设施设备等应当切实反映游客如厕的需求并体现人性化设计(图6)。

另外,我们国家地域之广大,幅员之辽阔,各地经济社会发展不平衡,决定了"旅游厕所革命"要优先解决中西部问题,优先解决农村问题,优先解决乡村旅游特别是自然资源和历史文化资源聚集的景区厕所数量不足的问题。

4.2 引入市场竞争机制,缓解基础设施建设困局

厕所作为旅游基础设施建设的一部分,仅仅依赖财政拨款,如此大范围、长效性的财政投入很难得到保证。除有些厕所应当由政府公益管理,或由业主自行管理外,很多厕所可以探索社会化、市场化、专业化管理的路子。过去,我们习惯于把厕所建在偏僻小巷的偏僻之处,现在应当改变思维,舍得在好地段建厕所,使厕所的商铺、广告、居住等效益充分显现,有利于吸引商业资本,建立起"以商建厕""以商管厕""以商养厕"的良性运行机制。利用旅游公厕人口密度大、流动性强、信息传播广等优势,通过广告展示、产品推广等商业手段补充建设资金,创新公共服务模式,缓解旅游环境基础设施建设的资金困局。推动探讨建立旅游厕所管理公司,初期给予政策资金上的倾斜和扶持。

4.3 规范合作过程,健全运行机制
4.3.1 建立部门合作机制

旅游厕所涉及旅游、规划、交通、住建、卫生、环保、商务、文明

等多个部门，需要大家相互配合，齐抓共管。构建起各相关部门在旅游厕所上各负其责、标准互融、功能互通、管理互促的合作机制。特别是旅游交通沿线的厕所、旅游城区镇区的厕所、重点旅游乡村的厕所等要增强旅游的服务功能。

4.3.2 鼓励社会参与机制

厕所问题是个社会问题，解决这个问题要有社会化的思路。要倡导和推动党政机关、企事业单位的厕所免费向社会开放、向游客开放。向社会开放的单位厕所要有醒目的指引标识，这是解决厕所数量不足最快的途径。

4.4 加强信息管理，倡导智能服务（厕所玩转"互联网+"）

在"互联网+"背景下，旅游厕所建设不仅要注重卫生、设计等要素，还要力争在诸多细节处增加科技元素，让游客可以便捷地"搜得到、找得到"。

具体而言，就是将旅游厕所的相关信息纳入旅游基础数据库，研发旅游厕所定位系统，及时向游客推送旅游厕所标识标牌、位置分布等信息，真正意义上解决游客寻厕难问题。

目前移动互联技术的发展不断地影响着人们信息获取的方式和习惯。通过创建厕所APP，查看附近蹲位使用情况，并考虑提供短期付费的蹲位预订服务。这样可有效缓解如厕客流，科学匹配资源，同时付费预订服务可为厕所经营增添额外的收入。也可以推行刷二维码进入洗手间，确保洗手间使用有序。

同时在厕所等候区提供免费Wi-Fi服务，连接服务器后通过网页推送广告信息，在Wi-Fi的网页登录页面做广告则是良好的营销手段，目前多数的机场已采取此方法进行广告掘利。现代生活已经难以离开网络，游客外出使用漫游流量可能产生大量费用，设置必要的Wi-Fi服务中心有利于舒缓游客等待的紧张情绪，缓解因资源有限而带来的负面影响，甚至设置Wi-Fi已经和提供饮用水一样重要。

4.5 积极利用媒体，开展厕所文化建设

公共厕所从一个角度反映出国家文明程度，丈量社会礼仪。自觉排队、不乱涂乱画、爱护设施、及时冲洗等行为体现了游客应有的素质和修养。"旅游厕所革命"的第一步就是重建厕所文明。应积极利用媒体、自媒体平台的传播作用，一方面，从国家、地方政府到公民开展自上而下的文明宣传活动；另一方面，自下而上地收集民间智慧，发挥人与人相互影响相互感化的积极作用。

4.6 标识清晰易辨

标识和指引应该清晰，很多景区有厕所指示牌子，但是缺乏更具体的指引，比如说此厕距前面一厕有多远，应该让游客心中有数。建议旅游厕所设立统一、易于辨识的标识系统，并进行形象标识改造，同时增设厕所外部交通引导标识牌等。

广西芦笛景区单向透光玻璃厕所内设

厕所文化与行业规范
Toilet Culture and Industry Standards

毛天哲　　中国的如厕历史与文化

唐健霞　吴建星　马若峰　何　颖　　世界风景厕所发展与研究

国家旅游局监管司标准化处供稿　　国家标准：旅游厕所质量等级的划分与评定（送审稿节选）

陆宇堃/摄

中国的如厕历史与文化
The History and Culture of Toilet in China

文 / 毛天哲

【摘 要】

文章通过对古籍的研究，从厕所的起源、名称的演变、马桶的发明等方面梳理了我国如厕历史与文化。厕所的起源可以追溯到原始社会时期，而后又演变出了私人秽所与公厕。漫长的历史长河中我国的厕所文明一直不断发展，古人对于公厕的管理，仍值得现在的目的地管理者借鉴和思考。

【关键词】

中国；如厕历史；如厕文化

【作者简介】

毛天哲　安邦财产保险股份有限公司区域负责人，文史研究爱好者

1 序言

上厕所乃人生必做之事，且是常做之事，故而对厕所免不了另眼看待。这样说来在厕所上若不动笔墨，真令人过意不去。但是自古以来，厕所在国人眼里好像就应该是个污秽不堪的地方，很少有人提及。

其实，中国历史典籍中，有关厕所的"笔墨"还是不少的。宋人欧阳修称自己读书构思，是在"三上"："枕上、马上、厕上"才有所悟。想来醉翁先生不少锦词丽句、名文佳篇都是诞生于"厕上"。大家都知道"洛阳纸贵"的典故，但对左思穷十年之功写出《三都赋》的状况未必一定清楚。据《晋书·左思传》称："（左思）构思十年，门庭藩溷，皆著笔纸，遇得一句，即便疏之。"这里提到的"藩溷"就是厕所，左思在写《三都赋》时，门、庭及厕所等地方都放上纸笔，一有所得便写下来。可见厕所和文化人是挺有缘分的。

有个大学教授说大凡书可分为两类：桌上读的和厕上读的，他还说能够被带进厕所读的，一定是好书，最少是受读者欢迎的书。

近日比较注意古人对厕所的描述，发现古人并不忌讳谈论厕所的事儿。在早期佛教诸律中，就记载了释迦牟尼指导众比丘使用厕筹的事情。厕筹又称"厕简"，简单地说，就是大便后用来拭秽的木条或竹条。这种厕筹20世纪还在中国和日本的部分地区使用。如《毗尼母经》卷六：尔时世尊在王舍城，有一比丘，婆罗门种姓。净多污，上厕时以筹草刮下道，刮不已便伤破之，破已颜色不悦。诸比丘问言："汝何以颜色憔悴为何患苦？"即答言："我上厕时恶此不净，用筹重刮即自伤体，是故不乐。"针对这种情况，释迦牟尼佛说："起止已竟，用筹净刮令净。若无筹不得壁上拭令净，不得厕板梁枕上拭令净，不得用石，不得用青草，土块软木皮软叶奇木皆不得用；所应用者，木竹苇作筹。度量法，极长者一磔，短者四指。已用者不得振令污净者，不得着净筹中。是名上厕用厕筹法。"

看了这些资料，不禁有些哑然。诚如释迦牟尼者也对弟子如厕后如何拭秽如此谆谆善导，我等何必冒充风雅，讳言"如厕"这档人人必做事呢。我们的古代思想家老子更有惊人之语。老子曾言，道乃"玄之又玄，众妙之门"，弟子问：在哪呢？老子答曰："道在便溺之处。"这"便溺之处"，其实就是厕所！既然伟大的老子指明"道在便溺之处"，那么考究一下厕所文化理所当然，事所必至，试做"厕所"文化考。

2 厕所的起源

厕所的起源，按理是不需要考据的，我想这人类从动物中一分离出来，便开始择地而"出口"，这所择的一块地，便叫作厕所，应该是无可非议的。感谢我们的考古学家，中国厕所的起源还是被他们找到了。最早是在5000年前在西安半坡村氏族部落的遗址里发现的。考古发现当时的厕所只是一个土坑。可见，我们的"厕所文明"已经有5000年左右的历史了。

从西周到春秋，厕所多与猪圈并排，而且一旦"某个坑"被"放弃"，就会让一个奴隶去挖土填坑。于是厕所是"脏"的这个观点就一代代传了下来。史载在殷周之际，汉民族就有"尚洁"之风，当时这股风气

图1 汉代绿釉陶厕

图片来源：汉中博物馆

深入到社会生活之中，谁不重视卫生都是要受到嘲笑和讽刺的。即使是在战争频仍的春秋战国年代，身处围成铁桶一般的孤城的守城军民也不忘记厕所卫生。据《墨子》载，在城头上要"五十步一厕"，周遭以垣墙围之，"垣高八尺"，守城军民不分男女都必须到公厕便溺。城下则"三十步为之圊，高丈，为民溷，垣高十二尺以上"。到了三国的诸葛亮时，更是"所至营垒、井灶、圊溷、藩篱、障塞，皆应绳墨"。这些大概是现代公厕的雏形。

中国的旧俗中，还有一整套对厕所的卫生管理方法。据载早在汉代，中国就有了公共厕所（图1），那时叫作"都厕"，到了唐代，就更多见了。当年马可·波罗在中国游历了17年，曾对中国的卫生设施叹为观止。在宋代，奢华的杭州城里就出现了专业的清除粪便人员，他们沿街过市，专门上门收粪。在官制上，唐代有了专司厕所的宫廷官员"右校署令和丞"等。明朝皇宫中专门负责后勤的机构，名叫"四司"。据《明史》志第五十职官三记载："惜薪司掌所用薪炭之事；钟鼓司掌管出朝钟鼓，及内乐、传奇、过锦、打稻诸杂戏；宝钞司掌造粗细草纸；混堂司掌沐浴之事。"其中宝钞司就是管手纸的部门。这些都表明中国曾有过辉煌的"厕所文明"。就"便溺之处"而言，神州华夏的厕所，远比西方国家的卫生间包含的历史和文化的内涵要深刻得多！只是到了近代，中国的厕所文明才远远地落在了欧洲的后面，这个和当时清代帝国的衰败几乎是一致的。

3 名称的演变

中国文化博大精深，许多人总爱拿"经、史、子、集"说事，其实大可不必，只要把厕所的别称一一道出，足令老外们高山仰止了！厕所被认为是不雅之地，上厕所被认为是不雅之事，于是这地和事就有了讳饰。厕所，不同时期，不同地方，有不同的称谓。

前面已提到过"藩溷"，这个是厕所非常文言的说辞。古人也不是常用，现代的人对此更是陌生的了。"厕"大概是古人通俗的用法，因为古人称上厕所为"如厕"，这在《史记》就直言不讳地写着。刘邦去厕所（当然是借口，本意是借此机会逃离鸿门宴）司马迁记道："沛公起如厕。"而在《资治通鉴》中，司马光则改用了另外一个说法。孙权去了那个地方，他记道："权起更衣。"其实就是上厕所，但文人不喜欢直接说道，就用了"更衣"来讳饰。若有外国人读到这类地方，还是挺为难他们的。一般人总会不假思索地想成"换衣服"的。

事实是宋代以后，这"不雅"有了越来越多的雅称。明朝便有"出恭"一说，字面上看，这"出恭"是"恭恭敬敬地走出来"的意思，仅就这字面看，和那"不雅"之实岂止"风马牛不相及"，简直是"反其意而用之"了。一个不雅，一个雅极，"出恭"，彬彬有礼的绅士风度，这又是一个能吓唬一些三脚猫的外国汉学家的例子。

这些都是文化人的说辞，普罗百姓才不管这套，直接就把它叫作茅坑或茅厕的。城里人稍稍文雅，多叫它厕所或卫生间，也有叫洗手间的。我有个朋友的家乡人喜欢把厕所称为"茅楼"。他向我吹嘘他家乡所在镇的繁荣，说他们镇上有"七十一条街，七十二座楼"，我茫然间有点羡慕他家乡的繁华。他的老乡却亮出了老底，说："其实一条街，其实两座楼。"他接着说，这两座楼，一座是男茅楼，一座是女茅楼，令我笑倒。

记得读小学的时候，我们也把厕所称为"伦敦"，也就是"轮流蹲"的意思，指代厕所也是挺形象的。在中学，同学则把厕所称为"黄金书屋"。"黄金书屋"者，"黄金输屋"也。另外还有一些称谓，比如一号、大号、小号、WC，等等。只要你能想象，就能找出不少的名词来代替厕所的称谓。有些旅游景点把厕所称为"唱歌的地方"，不知道有什么渊源。还有的女生们称呼厕所的说辞更是令人不解，她们总会悄悄地相互问道："可爱的地方去不去？"

厕所的代称多，上厕所这一行为的别称也不少。上厕所，小孩儿愿意叫"大便""小便""拉屎""撒尿"。过去有人叫"上一号""上大号或上小号"。文雅一点的大人称为"方便一下"或"洗洗手"。旧时的称谓中，"如厕"现在是没有人叫了，也有少量叫"出恭"的。旧时称谓中流传下来的用得比较广泛的大概就是这个"解手"了。大小便叫作"解手"，在历史上是有据可考的。明朝朱棣皇帝即位后，实行移民垦田来发展农业。朝廷下令山西农民迁往河北、山东等地。为了防止农民在途中逃走，官兵们把他们反绑起来，用长绳串在一起。路上有人需大小便，就得喊官兵把捆着的双手解开，使之能"方便"，因此，"解手"一词就有了大小便的意思。

图2 汉朝"虎子"　　　　　张正媛/绘

4 马桶的发明

中国有这样一个有趣的谜语："小胖子戴个扁帽子，你想揭他的盖子，他就脱你的裤子。"谜底便是过去家家户户如厕使用的马桶。《辞源》中对其解释为"木制的马桶"。中国古代民间使用的马桶是一种带盖的圆形木桶，用桐油或上好的防水朱漆加以涂抹。大家不要以为"马桶"这个词是个舶来品，实际上马桶是地地道道、本乡本土的中国制造。

要说马桶的历史，这得从汉朝说起。《西京杂记》上说，汉朝宫廷用玉制成"虎子"（图2），由皇帝的侍从人员拿着，以备皇上随时方便。这种"虎子"，就是后人称作便器、便壶的专门用具，这也是马桶的前身。据说这种"虎子"是受高祖刘邦以儒生之冠当溺器而受到启发才发明出来的。关于"虎子"的发明还有另外一种说法，据说也与皇帝有关。相传西汉时"飞将军"李广射死卧虎，让人铸成虎形的铜质溺具，把小便解在里面，表示对猛虎的蔑视，这就是"虎子"得名的由来。可是到了唐朝皇帝坐龙庭时，只因他们家先人中有叫"李虎"的，便将这大不敬的名词改为"兽子"或"马子"，再往后俗称"马桶"和"尿盆"。

关于马桶还有一个笑话，宋太祖赵匡胤平定四川，将后蜀皇宫里的器物全运回汴京，发现其中有一个镶满玛瑙翡翠的盆子，欢喜得不得了，差点儿用来盛酒喝。稍后把蜀主孟昶的宠妃花蕊夫人召来，花蕊夫人一见这玩意儿被大宋天子供在几案上，忙说这是我夫君的尿盆啊！惊得赵匡胤怪叫："使用这种尿盆，哪有不亡国的道理？"马上将这宝贝击碎。

到了清朝，宫廷马桶的制作更加讲究，多用银或锡制成，四面是木架坐凳式，桶内盛有香炭灰，以便掩盖"天子"的排泄物，其豪侈虽不及孟昶，但舒适和卫生水平则提高多了。袁大总统也对中国传统式的马桶偏爱有加，其任时所住的居仁堂内安装有抽水马桶，可是他嫌"那个味儿不好"，坚持使用定做的木制马桶。

中国式马桶虽然经历了千余年的使用和演变，其外形却没有发生什么变化，基本上还是保持着盆形和桶形的外观，也许是考虑使用上的方便吧。这种单一式的马桶使用时间之久也创下了纪录，以至现如今在江淮一带、苏沪杭地区仍有使用，数目应以百万计。在中国南方农村，每户人家都必备两件东西，一是水桶，二是马桶。水桶没有歧义，但马桶为什么叫"马桶"不得而知。我曾引经数典地考证过，没有找到答案，用心想想，可能是"方便"的姿势和骑马的姿势相似而得名吧。马桶，说起来是个移动厕所，只供家人用，用起来方便，也比较卫生。家里的水桶坏了，可以找邻居借，可马桶没人肯出借。走亲访友，来了情况，的确很难为情。而且马桶一般供家里的小孩和女眷们使用，外厕自然是男人们的去处了。这一里一外、一近一远也足能体现人们对妇女儿童的人文关怀了。

5 "倒老爷"及"粪大王"

既然发明了伟大的中国式马桶，就产生了一个如何解决马桶内物事的问题。无非是一个"倒马桶"和"刷洗马桶"的事情。在江南的小镇里，一般居民都是自己找个野外的大粪缸，往里一倒，将马桶在河道或者水塘里刷洗刷洗就完事了。但在中小城市就没有这么简单了，手里拎着个马桶，跑老远的路找个公厕将它倒掉，恐怕搁到谁身上都不是件风雅的事情。

既然有人用马桶，就得有人收拾秽物，于是便诞生了一伙粪头军。粪头军产生的年代已不可考，但据典籍记载，唐宋时期，就已经出现了专门经营"粪业"的人，以替人家清

图3 积粪池遗址　　　　　　　　　　张正媛/绘

扫厕所为主，操持粪业的人，往往大发其财。宋都东京城内就已经有专门的清洁工人了，《梦粱录》卷十三："杭城户口繁夥，街巷小民之家，多无坑厕，只用马桶，每日自有出粪人去，谓之'倾脚头'，各有主顾，不敢侵夺，粪主必与之争，甚者经府大讼，胜而后已。"《杭州坊巷录》中的马子弄实为马子铺集市，通俗点的说法就是马桶集市。民国时期，断河头为粪船密集之地，当时的杭城有三家"金汁行"（粪行），垄断粪汁，断河头亦有一家。

人粪的肥力较畜粪为优，人少田多，人粪的数量只嫌不够，所以历史上，农民都有进城收购人粪的传统，这恰好也解决了城里居民处理粪便困难的问题。城市粪肥的还乡是中国传统农业一个最成功的事件，用现在的话说，就是有机质的良性循环，合乎生态农业和环保的要求。南宋《梦粱录·河舟》就记载着临安（杭州）水路运输繁忙的景象，其中提到："大小船只，往来河中，搬运斋粮柴薪，更有载垃圾粪土之船，成群搬运而去。"南宋程泌《洛水集·富阳劝农》也记载："每见衢（州）婺（金华）之人，收蓄粪壤，家家山积，市井之间，扫拾无遗。故土膏肥美，稻根耐旱，米粒精美。"明末的《沈氏农书》是地主经营农业的经验之谈，书里提到正月份的农事安排项目之一便是去苏州、杭州买粪。"运田地法"里又提到"四月十月农忙之时，粪多价贱，当并工多买。其人粪必往杭州……小满边蚕事忙迫之日，只在近镇买坐坑粪，上午去买，下午即浇更好。"说明人粪的利用不是过剩，而是供不应求。肥料不足也是传统农业单产不高的重要原因之一，所以农家的作物品种一般以不耐肥的为多。

粪夫的正名叫"清洁夫"，绰号叫"倒老爷"。他们大多是原来的农民，因为农村经济破产，或为灾荒所迫，跑到城市里来做这个行当。当年上海的粪夫非常之多，盖有4000人左右。他们按照出生的地区，分成几帮：苏北帮人数最多，占7/10，又分高（邮）宝（应）帮、扬（州）泰（兴）帮、通（州）海（门）帮和盐（城）阜（宁）帮等；苏州帮约占2/10；江南帮主要是常州、江阴一带的农民，约占1/10。

19世纪上海刚刚开埠时，市面还没有繁荣起来，人口少，土地多，所以粪便出路并不成问题。浦东、吴淞一带近郊的农民用小船把粪便运回去肥田。到了20世纪30年代，公共租界和法租界当局均感到了粪便问题的严重性，于是置办粪车，出钱雇工来做清粪工作。接着，南市、虹口等地区也照样实行了。有些商人见到有利可图，就定制粪车，出租给粪夫去倒粪，由此出现了一批粪车主，他们争着抢地盘，竞争激烈。也有粪夫私自将粪卖给农民。租界当局和国民党市政府卫生局为便于管理，用承包的办法来清运粪便。有的粪车主就走门路，向租界当局和国民党市政府卫生局分别承包粪便的收集、粪码头的设施、粪便的买卖，从而发了大财，成为"粪大王"。其中，历史最久、势力最大的"粪大王"要算马鸿记，他是法租界最早的承包人。他手下的粪车最多时有600辆。后来在虹口、闸北、法华镇地区产生另一"粪大王"，名叫王荣康，拥有500多辆粪车。

"粪大王"的财源主要靠出租粪车和出租粪码头。当年上海有粪车1900辆，马、王两家就占了一半左右。粪码头出租给包粪人使用。当年上海有粪码头22个，有10个在苏州河沿岸，其余分布在曹家渡、南市、打浦桥、石灰港、十六铺等地。粪码头的建筑很简单，水门汀的石驳岸，靠河边有一个洞，下置一铁管，弯向水面上，粪船靠岸边来"接货"。每天早晨，一辆辆粪车分别到各粪码头去"卸货"。粪码头上粪水横流，臭气熏天，四周居民深受其害。

粪夫全靠住户的倒马桶费来维持生活。倒马桶是一种累活、脏活，一辆粪车满载有400斤重，各人争得的地段有大有小，所倒的马桶有多有少，其收入也就有多有少。粪夫倒马桶的地段分得很清楚，每条马路每条弄堂都有固定的粪夫管，不容他人染指。如果"同行"要想多倒一家的马桶，相互间就会打得头破血流。地方上的地痞、流氓、恶霸看到这个三百六十行外的行业大有油水，于是施展"地头蛇"的威势，分别控制每个地段，粪夫必须向他"孝敬"；如果不识相，他就打翻粪车，把粪夫的头揿在粪便里。粪夫们没有办法，只好向他们的"老头子"去"登记""完捐"，请求"保护"。

粪夫每日天蒙蒙亮就拖着粪车挨家逐户去倒马桶，当各业职工上工的时候，粪夫们已经回家又入梦乡了。粪夫生活在社会的最底层。他们大都没有文化，有了钱就泡茶馆、酗酒、赌博，没有正当的休闲，一年到头生活在没有阳光的角落里。新中国成立后，粪夫正式成为自食其力的工人阶级，并入环卫部门，改称为"清洁工"，成了美化城市的绿色使者，同时也造就出了时传祥这样的全国劳动模范。

图4　清朝宫廷私人秽所　　　　　　　　　　张正媛/绘

6 公厕和私人秽所

抽水马桶是工业社会的产物，西方在此以前，不要说抽水马桶，就是简单的公共厕所也少有。据说18世纪前的巴黎，因为没有公厕，人们在街上可以随地小便。街上的行人，没准冷不防被楼上的主妇向街上倾倒粪便，浇了一身。亚洲的印度至今还以随地"方便"为平常，公厕极少，火车站因随地大小便频繁，充满臭气，是外来旅客候车时最难忍的。

为什么公厕在工业革命前的欧洲那么少？现代如印度仍然很少有公厕？主要与人粪尿被视为污秽讨厌之物、没有利用价值有很大的关系。全世界视粪尿为有用并专门加以收集、保存、加工，用作肥料的，恐怕只有中国，所以论厕所和公厕，当以中国的历史最悠久，也最发达。中国人过去是很注意不随地小便，公共厕所也很多。但这些都俱往矣，中国从19世纪国势衰落以后，民不聊生，国民的公共卫生习惯和公厕卫生也随着滑坡倒退。

中国古代的道路每隔一定距离，必有公厕，称"官厕"，后来由城市商人建造的称"商厕"。官厕和商厕都是公用的厕所。古代的厕所因没有冲洗条件，保持卫生的办法是在前人使用后，覆上一层土，然后再使用，既可以掩埋臭气，又可以防止虫蝇类聚集。民间的厕所叫"茅房"，大多公私两用，通常茅房的墙壁上方必空出一大段，以利空气流通，排除臭气。不论官厕、商厕和茅房，定期出清，便是良好的粪肥。

粪的繁体字"糞"，俗称"米田共"，上面的"米"原作"矢"，即口语的大便，中间的"田"原本是畚箕的象形，下边的"共"原本是双手，意指手持畚箕把矢扫进箕内，然后倒掉。

倒在田里便称为"粪田"，也即后来的施肥。肥的本义按《说文》的解释是"多肉也。"，粪田使土壤肥力提高了，肥力是抽象的概念，于是用多肉之肥给予形容，然后才有了施肥这个名词。人粪施到田里，经过微生物的分解，乃是氮磷钾俱全的良好有机肥料，所以"粪壤"也是土壤肥美的称谓。如不还给农田，随便倾倒，反而成了环境的污染物。

《李卫公兵法》中详细介绍了唐代军队扎营的全过程，其中涉及厕所的建造。有意思的是兵法中对于军营卫生也非常重视，每个营区要挖一个公共厕所，不厌其烦地强调厕所挖的位置非常重要，要离水源和贮藏粮食的地方远远的，要离营房有一定的距离，但不能太远，以免上厕所的官兵不能及时归队，当然也不能太近。诸葛亮也提及"所至营垒、井灶、圊溷、藩篱、障塞，皆应绳墨"。可见，中国古代对公众聚集之地营造公厕的重要性非常重视。

在古代的中国，虽然也重视公厕的建造，但当时人口稀少，商业活动也不是很多，公厕建造也不是很多的，大多数还是在私人秽所中解决的。汉、唐时期，大街上就很少有公厕。据冯梦龙《笑史》中说，唐代一位丞相骑马走在路上，突然感到内急，他急忙就近跑到著名艺人穆刁俊家。刚要钻进厕所，迎面撞见主人，只好道歉。主人随机应变说："您以后内急再请光临。"

古代农家的茅房称"溷"，图是猪厩，人的茅坑筑在猪厩上面，人猪粪同供肥料，故名"溷"，"溷"和"混"同音同义。"溷"也通"厕"。官僚大户人家则雅称"溷轩"，轩是侧房，有些豪宅的溷轩竟也大如正室。据《世说新语》记载，王敦与武帝司马炎之女舞阳公主成亲，一日去厕所，见厕内有一装饰华丽的漆箱，打开一看，里面装有干枣。王敦不由感叹：到底是帝王之家，连解手都有果子吃。于是，他将箱中的枣子一扫而光。未曾想，此事却让手下婢女讥笑一番。原来魏晋时期的富贵人家，不仅厕所十分豪奢，而且上厕所也十分讲究。厕内所置干枣，不是食用，而是用来塞鼻，防止异味。王敦不明此理，结果丢了身份，遭人耻笑。

西晋时期，贪官石崇生活奢靡。有一次，大臣刘实到他家拜访，期间，刘实上厕所，见室内"有绛纱大床，茵蓐甚丽，两婢持香囊"，吓了一跳，以为误入石崇内室，急欲退出。谁知石崇答道，此乃厕所耳！刘实叹曰：穷人家哪有如此厕所！其实刘实哪里知道，石崇本人上厕所排场更大，"常有十余婢侍列，皆丽服藻饰，置甲煎粉、沉香汁之属，无不毕备。又与新衣着令出，客多羞不能如厕"（《世说新语·汰侈》第三十）。石崇家的厕所就是现在也可以申请登入吉尼斯纪录，没有人能再打破它。或者也可评为五星级厕所？不过，这只是上层阶级的奢华厕所的情况，没有代表性，但可以说明，只要条件许可，中国人对厕所卫生的要求也是很讲究的。

明末清初有一个叫作穆太公的人，有一天进城，发现城里的道路两旁有"粪坑"，且是收费的。老先生进去痛快了一把之后，并没有一走了之，他立在这简易厕所外面待了半天，发现来解手的人不少，于是，他凭借自己特有的商业敏感度，确立了自己后半生的饭碗——"倒强似作别样生意！"回到家之后，穆老先生请

图5 汉朝陶厕圈

张正媛/绘

工匠把门前三间屋掘成三个大坑，每一个坑都砌起小墙隔断，墙上又粉起来，到城中亲戚人家讨了无数诗画斗方贴在这粪屋壁上，并请一个读书人给厕所题写了个别致的名字："齿爵堂"。为了吸引客流，又求教书先生写了百十张"报条"四方张贴，上面写着："穆家喷香新坑，远近君子下顾，本宅愿贴草纸。"

这一手很是有吸引力，农家人用惯了稻草瓦片，如今有现成的草纸用，加上厕所环境实在优雅，"壁上花花绿绿，最惹人看，登一次新坑，就如看一次景致"，吸引得女子也来上粪坑，穆太公便又盖起了一间女厕所。值得说明的，穆太公的厕所是免费的。那他费这么大劲儿，如何体现经济利益呢？原来，早在城里上厕所的时候，他便已领悟到，在乡下，厕所收费是行不通的。但是，粪便是可以出售的。他便把粪便收集起来，卖到种田的庄户人家，或者以人家的柴米油来置换，一劳永逸，久而久之，便获得了不小的收益。真的是"强似作别样生意！"（据明末清初无名氏《掘新坑悭鬼成财主》整理）

类似公厕收费的记载还有很多，《清类钞》中说：某书生考试不中，为了谋生自己建了一座收费公厕。他在厕所上贴了一副对联："但愿你来我往，最恨屎少屁多。"门上一匾额，大概是收费厕所的标志吧？！但当时收费公厕并不能为人们所接受，人们还是随地便溺，或便于马桶之中、倾倒于街旁，满街狼藉臭气逼人。相比之下，穆太公的免费公厕既不失生财有道，也能为人们所接受，值得现在的城市管理者借鉴和思考。

从以上的叙述不难看出，如果从人类的文明史来考察，人们的如厕文化实际也是其中的重要组成部分。所以不断地改善居民和旅游者的如厕感受，实在是十分必要的。

（本文原文较长，编者在安排选用时有所删略，特向作者和读者致歉）

世界风景厕所发展与研究
Toilet as Attractions: Evolvement and Research

文 / 唐健霞　吴建星　马若峰　何 颖

【摘　要】

在旅游过程中，厕所是在功能方面不可缺少，在景观方面的影响也至关重要的设施，甚至还是旅游景区评级的一个关键项。如何在美丽的风景中完美地融入这个必须要建的设施而不影响环境，如何完善服务功能以至于带来更加锦上添花的旅行体验，本文将从风景厕所的演变历程、建立标准、发展趋势等角度，研究与总结国内外各种优秀的旅游风景厕所。

【关键词】

风景厕所；生态厕所；生态建筑；景区评定标准；国外厕所设计

【作者简介】

唐健霞　北京大地风景旅游景观规划设计有限公司大地艺术中心主任
吴建星　北京大地风景旅游景观规划设计有限公司大地艺术中心副主任
马若峰　北京大地风景旅游景观规划设计有限公司设计总监
何　颖　北京大地风景旅游景观规划设计有限公司大地艺术中心项目经理

注：
图1~图14，图片来源于史蒂夫·谢克尔《大师的建筑小品·户外厕所》。
图15~图34，由北京大地风景旅游景观规划设计有限公司大地艺术中心提供。

1 探寻隐藏在历史中的私密之美①

人类的文明史，当然也包括建筑史。从希腊大殖民时期一直延续到当代，有一个对众生平等的、可解决内急的空间留给人们无限的遐想。

户外厕所可以是历史文化的遗存；可以是空间上追求有机形体的平衡艺术；更可以是融合多种混合功能的服务设施，包括结合广场绿地、商店销售、抽象艺术表达、生态环保等。

造型精美的遗址厕所，你舍得用吗？

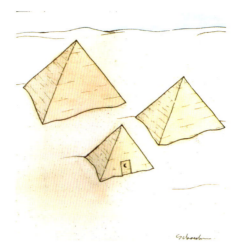

图1 图坦德罗宾金字塔厕所

图2 厕神拉夫斯神庙

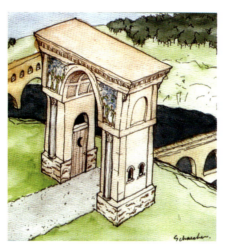

图3 胜利厕所

图4 佛罗伦萨肥料厕所

1.1 图坦德罗宾金字塔厕所

古埃及人（约公元前3200~前1085年）

埃及文明是有记载的最早的文明之一。图坦德罗宾金字塔厕所以此地最为常见的一位法老的名字命名，为一个特殊的用途建造：被当作户外厕所使用（图1）。埃及人的宗教信仰所关心的不只是死后肉体的提升，而且还有现实肉身产出物的下泄问题。专家研究后得出结论，便桶旁边集中出现的象形文字是最早期的厕所涂鸦。

1.2 厕神拉夫斯神庙

古希腊人（约公元前8~前4世纪）

古希腊文明是一种精致高雅的文明，拉夫斯神庙是古希腊精美建筑的一个典范（图2）。拉夫斯是厕神，又称"瓷器之神"。瓷器是古希腊人和蒙古人做买卖时发现的，这种材料既可用水清洗，又不漏水。这个神庙设计成一次只能进去一个人，在里面，到访者必须跪在拉夫斯雕塑的脚下，倾空他们的灵魂。

1.3 胜利厕所

古罗马人（约公元前8~4世纪）

为了纪念古罗马的胜利，城市中到处建有拱门。奥古斯都下令建造"事物拱门"，用于纪念古罗马人，也成功满足了民众在公共卫生方面的需求，这种拱门又被称为"胜利厕所"，它也是第一个直通下水道的拱门（图3）。

1.4 佛罗伦萨肥料厕所

菲利波·伯鲁乃列斯基（1377~1446年）

伯鲁乃列斯基于1404年获得了大师的地位，佛罗伦萨主教堂是他最著名的作品。主教堂的穹顶是一个纪念碑般的杰作。伯鲁乃列斯基试图在佛罗伦萨的肥料厕所上复制这件杰出的作品，将艺术的文雅性贯穿到底。堆肥的可循环再利用的自然特性，也揭示出伯鲁乃列斯基早已考虑到环境的可持续性问题（图4）。

1.5 德尔卡潘杜姆坡广场厕所

米开朗琪罗（1475~1564年）

米开朗琪罗在建筑设计上着力于建筑构件，不受古典建筑法则的约束。在德尔卡潘杜姆坡广场厕所上，将户

图5　德尔卡潘杜姆坡广场厕所

图6　克拉派里亚别墅厕所

1.8 栅栏收费厕所
克劳德-尼古拉斯·勒杜
（1736~1806年）

1783年，巴黎市政当局让勒杜设计城市周边公路的50个收费站。他的一个带栅栏的厕所的设计被认为是他最伟大的作品之一，因为它有效地结合了户外厕所和收费亭的功能，是当今收费厕所的雏形（图8）。

1.9 国家第一商业户外厕所
路易斯·沙利文
（1856~1924年）

沙利文的户外厕所很好地阐述了他的哲学思想。他认为应该以有机或者"进化"的方式表达功能。他的设计往往是简单的方盒子，上面与生命有关的有机符号具有高度装饰性。作为一个组织者及正式的美学理论家，他竭力推动建筑体现时代精神和大众需求。"自然的召唤"（nature's calling）这个说法就是他创造的。在"国家第一商业户外厕所"，装饰物的有机属性与户外厕所的生物降解功能相得益彰（图9）。

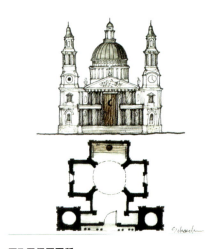

图7　圣保罗厕所

图8　栅栏收费厕所

外厕所及室外空间戏剧性地整合在一起，这其中还包括一个广场（图5）。

1.6 克拉派里亚别墅厕所
安德烈亚·帕拉第奥
（1508~1580年）

克拉派里亚别墅厕所是证明帕拉第奥作品纯粹性的一个力证（图6）。严格的对称和协调的比例都显示出建筑在向古典范式致敬。和其他许多别墅一样，建筑立面被赋予了神庙的形式。此处象征主义手法得以最佳运用。这栋别墅的使用功能恰好是由众神之手创造的一种自然生理行为。

1.7 圣保罗厕所
克里斯托弗·雷恩爵士
（1632~1723年）

1666年伦敦大火毁城。雷恩重建的圣殿之一是圣保罗厕所（图7）。在城市重建时期，伦敦一直缺乏卫生设施。这个厕所对于伦敦市民来说，就像是一个沙漠绿洲。它还是第一个考虑了残障人士的设施，这反映在扶杆的形式以及直径1.5m的回转区域。这些成就使雷恩在1673年获得了爵士封号。

1.10 冲水厕所
弗兰克·劳埃德·赖特
（1867~1959年）

冲水厕所是赖特大师之作"流水别墅"（Fallingwater）的前身（图10）。将构造物直接置于下水之上的概念第一次出现在这里。尽管流水别墅的洁净溪水更吸引普通大众，但是这个建筑以戏剧化的方式利用周遭环境的力量和宁静，用象征手法体现人类与自然的联系，是一个标志性建筑物。

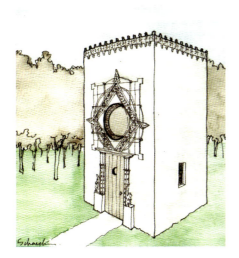
图9 国家第一商业户外厕所

图10 冲水厕所

图11 萨伏伊冲洗厕所

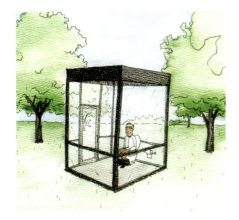
图12 玻璃厕所

图13 网架宝座

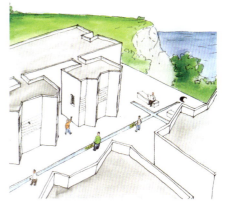
图14 索尔克生物研究院户外厕所

1.11 萨伏伊冲洗厕所

勒·柯布西耶

（1887~1965年）

勒·柯布西耶宣称"建筑"应是这样的一种结构：它是一个可以进入的地方，它触动你的心灵并打动你，使你相信其表现出来的单纯形式，体会到光线在其中扮演的角色。"住宅是供人居住的机器"，从萨伏伊冲洗厕所中可以观察到机器和人的结合。据说这是第一批有冲洗设施的户外厕所之一。建筑启发使用者走上艺术家之路。简单的形式和空间昭示了功能的纯粹（图11）。

1.12 玻璃厕所

菲利普·约翰逊

（1906~2005年）

约翰逊的玻璃屋是他最著名的作品。这是他的私人住宅。在建造玻璃屋之前，他先在玻璃户外厕所上实验了一下这个想法（图12）。这个橱窗形式的小品受到了一些批评，但是约翰逊喜欢这种裸露感。一个支持者评价道："你感觉你好像进入了森林，但是却不会淋雨，而且卫生纸就在手边，这完全超乎你的想象。"对一个饱受争议的厕所来说，这真是一个公正的评价。

1.13 网架宝座

R·巴克明斯特·富勒

（1895~1983年）

富勒的发明创造集中于那些成本低廉又能够批量生产的东西上。他的最著名的发明是网架结构的球体，它是由标准化的构件组成，这样能够迅速地大面积铺开。他运用了数学原理来实现从部分到整体的最优化。网架宝座表达了对人类排泄物的重视。这个宝座的形式、结构和功能都很简明，这启迪使用者去思考，怎样的技术才能解决世界目前和未来的需求（图13）。

1.14 索尔克生物研究院户外厕所

路易斯·康

（1901~1974年）

路易斯·康对设计围绕功能的提法产生疑问，他的作品由简洁的几何形体构成，平面布局中规中矩，复合的结构以对称轴线和十字轴线为主。索尔克生物研究院户外厕所水渠的应用，是户外厕所的一场革命（图14）。它可以让多个使用者同时方便。他的设计还将"户外"概念推到了"极致"，它没有围挡，男性可以在十字水渠上小便。尽管许多人都认可这个设计，但是它并没有流行开来。大多数的批评意见认为，它仅仅迎合男性，不能满足多方位的需求。

2 旅游厕所的"新规矩"

2.1 部分省旅游厕所革命计划（表1）

2.2 旅游厕所不达标，评星、评A一票否决

旅游厕所不达标，饭店星级评定、A级旅游景区评定和度假区评定要一票否决；组织人大代表、政协委员和有关专家对旅游厕所工作和情况进行监督检查；广泛开展游客满意度调查活动，按季度公布全国各省重点旅游城市旅游厕所游客满意度调查结果和排名；实施旅游厕所质量等级评定动态管理；动员新闻媒体追踪报道，总结先进经验，曝光敷衍塞责和落后地区等等。

- 建筑面积：60㎡以上。
- 考虑无障碍、老年人、残疾人厕位等特殊人群适应性。
- 每个厕位内至少设1个挂衣钩。
- 每个厕位安装1个搁物台。
- 有艺术装饰，有室内美化，有背景音乐。
- 户外旅游厕所周边需要有绿地。
- 设置高级面镜。
- 能够提供小件寄存服务。
- 能够提供电话服务。
- 需有休息椅凳。
- 能够提供售货服务等。

2.3 "风景厕所"的诞生

为大地保留和创造动人"风景"，以地域文化特色为载体，人性化需求为导向，与周边环境和谐统一的户外厕所，我们将它们统称为"风景厕所"。

2.4 风景厕所基础功能——满足全年龄段旅游者使用

风景厕所除满足普通旅游者核心使用需求，更提供人性化的功能空间满足全年龄段旅游者的需求。经过深入研究旅游者行为习惯，着重考虑了以下7个方面的需求：

为了奶奶、妈妈、女性朋友不再排长队，男人不再苦等女人上完厕所，"风景厕所"提供合理的男女厕位配比：厕所男蹲（坐、站）位与女蹲（坐）位的比例宜为1:1~2:3。也就是说女厕所的厕位数应大于男厕所的厕位数。所以，在旅游厕所的平面设计中，女厕所的建筑面积应大于男厕所的建筑面积。

（2）为了孩子，提供儿童洗手池及小便池：方便携带幼童如厕，可在厕所中设置儿童小便池。

（3）为了母婴，提供母婴服务专用空间。

（4）为了父母带异性的孩子，子女带异性的老人外出，上厕所将不再成为一个尴尬的问题，风景厕所设计第三卫生间。

表1 部分省旅游厕所革命计划

省份	三年计划	2015年
吉林省	每年投入财政资金1.5亿元	新建旅游厕所1003座，改建扩建446座
浙江省	3年内新建或改造1000座三星级以上标准旅游厕所	2015年计划投资5.9亿元，新建厕所450座，改建厕所287个
江苏省		2015年江苏计划投资2.18亿元，新建旅游厕所478座，改扩建旅游厕所260座
湖北省	总投入1.2亿元，新建改建厕所约2000座	2015年计划将新建旅游厕所352座，改建513座
福建省	3年内福建省新建旅游厕所1305座，改扩建575座	2015年计划新建厕所457座，改建195座，重点提升A级旅游景区和乡村旅游点的旅游厕所
广西壮族自治区	3年左右时间新建旅游厕所1200座，改建500座	2015年计划新建605座，改建271座

（5）为了行动不方便的人提供无障碍厕所设计：建筑入口、门扇、厕位面积、坐便器、洗手盆、放物台、挂衣钩、呼叫按钮、安全抓杆等，都有具体的设计要求。

（6）为了不用轮流拎包在厕所门口等，"风景厕所"还提供行李空间及寄存服务：在旅游过程中，游客往往会背包或者携带旅游纪念品等其他物品。建议在厕位隔间内增加搁物台，并提供行李放置区。这一区域不应占据坐便器的使用空间。为了设置这个区域，坐便器便盆建议安放在非中心的位置，靠近门安装合页的一边，以方便使用。

（7）提供免费直饮水功能：在欧美国家，街头、公园、旅游景点等公共场所，直饮水点成为最常见的基础设施。在迪士尼公园，免费直饮水成为厕所的配套延伸，能同时解决管道上下水，能提升整体旅游服务，并集聚大量人气，盘活旅游厕所附属商业设施，"以商养厕"。

2.5 "风景厕所"的基本布局

从风景厕所的平面布局出发，完善旅游厕所功能。设计师们适应不同旅游景区、旅游线路沿线、交通集散点、旅游餐馆、旅游娱乐场所、休闲步行区等的人流量需求，研发出大、中、小3款"风景厕所"——风景一号厕所(60㎡)、风景二号厕所(90㎡)、风景三号厕所(140㎡)，以满足不同旅游场所的最基本需求。

2.5.1 风景一号厕所原型平面（图15）

适用范围：全年龄段旅客。

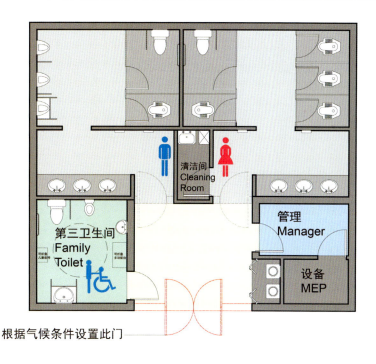

图15 风景一号厕所原型平面

理论服务人数：350人/天。

基本配置：

洗手池：男3个，女3个。

大便器：男2个，女5个。

小便器：男3个。

饮水口：1个。

第三卫生间：含有儿童洗手池、儿童小便器、儿童折叠座椅、多功能折叠台、无障碍马桶及洗手池。

母婴室：无。

无障碍设施：有。

管理用房：有。

清洁间：有。

寄存服务：无。

设备用房：有。

零售服务：无。

服务半径：300m。

适用地区：可通过增减门厅适应南北不同气候区。

2.5.2 风景二号厕所原型平面（图16）

适用范围：全年龄段旅客。

理论服务人数：620人/天。

基本配置：

洗手池：男6个，女6个。

大便器：男4个，女8个。

小便器：男4个。

饮水口：2个。

第三卫生间：含有儿童洗手池、儿童小便器、儿童折叠座椅、多功能折叠台、无障碍马桶及洗手池。

母婴室：无。

无障碍设施：有。

管理用房：有。

清洁间：有。

寄存服务：有。

设备用房：有。

零售服务：无。

服务半径：300m。

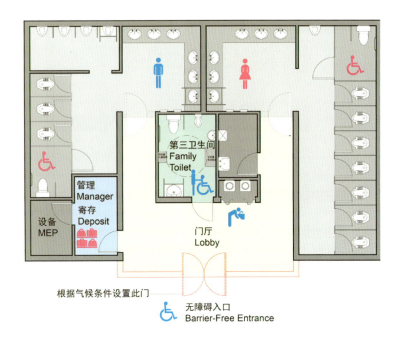

图16 风景二号厕所原型平面

图17 风景三号厕所原型平面

适用地区：可通过增减门厅适应南北不同气候区。

2.5.3 风景三号厕所原型平面（图17）

适用范围：全年龄段旅客。
理论服务人数：890人/天。
基本配置：
洗手池：男7个，女7个。
大便器：男6个，女11个。
小便器：男6个。
饮水口：2个。
第三卫生间：含有儿童洗手池，儿童小便器，儿童折叠座椅，多功能折叠台，无障碍马桶及洗手池。
母婴室：有。
无障碍设施：有。
管理用房：有。
清洁间：有。
寄存服务：有。
设备用房：有。
零售服务：有。
服务半径：300m。
适用地区：可通过增减门厅适应南北不同气候区。

2.6 "风景厕所"拥有可适应性模块设计

风景厕所系列原型平面还可以根据具体客流量灵活变化，我们将平面功能模块化成三大板块：男厕区、女厕区以及服务区。每个区域都支持定制化服务，可灵活增减洗手盆及便器数量，增减服务功能。

2.6.1 风景三号厕所模块设计

以风景三号厕所为例，该原型平面可拆分为三大模块：男厕模块、女厕模块，以及服务模块（图18）。

每个模块都可以自定义长度，增减洗手盆、便器，如风景三号男厕模块（图19）。

将厕位区拆开，可自定义增加小便器和蹲坑/坐便器（图20）。

风景三号女厕模块也可以同样操作（图21）。

风景三号服务模块可自定义门厅的宽度，并增加服务功能区的进深（图22）。

其中，第三卫生间服务模块需要考虑以下因素：

①独立设置，使用面积不应小于6.5㎡；②符合《无障碍设计规范》GB 50763的规定要求：有成人坐便器、洗手盆、多功能台、安全抓杆、挂衣钩、呼叫按钮等；③内部设施完善：应包括成人坐便器、儿童

图18 风景三号厕所平面图

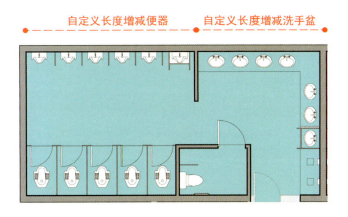

图19 风景三号男厕模块

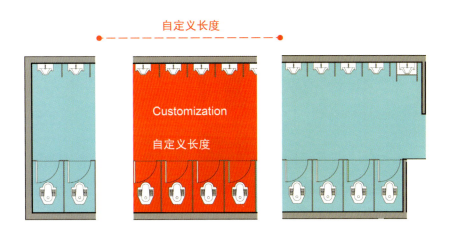

图20 风景三号男厕模块自定义分解

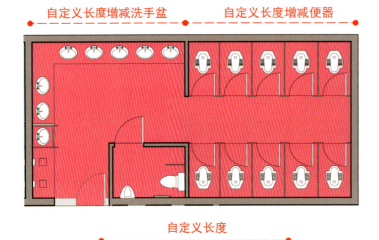

图21 风景三号女厕模块自定义分解

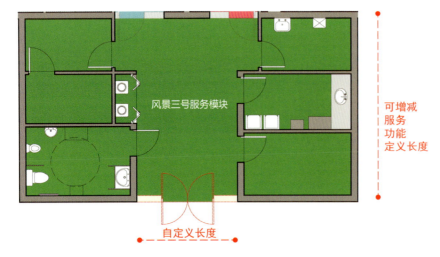

图22 风景三号服务模块自定义

坐便器、儿童小便器、成人洗手盆、儿童洗手盆、多功能台、儿童安全座椅、挂衣钩和呼叫器（图23）。

2.6.2 风景一号厕所模块设计（图24）

在这样模块化拆分的基础上，"风景厕所"可适应不同旅游景区、旅游线路沿线、交通集散点、旅游餐馆、旅游娱乐场所、休闲步行区等的定制化需求。

3 变身：让风景厕所"文化"起来

旅游度假是追求"快乐时光"的过程。越来越多的游客在出门的时候不仅会带上好的相机，更会选择住在高星级酒店或主题酒店里。理由只有一个：好的接待设施也是旅游度假享受的一部分！

上厕所的需求也不例外。一个"百搭"的厕所外观，往往会让人联想起廉价、低端的旅游目的地。让原本"惊喜"的风景，忽然之间变得那么"凑合"。

"来也匆匆，去也匆匆"的忍耐之后，沉静下来的，不会是继续的沉默和忍耐！以对景区景点负责任的态度，设计师们一直在思考：美丽的景区是否需要更美丽的风景，关怀每一位来到这里的游客，令他们留下对"美好和爱"的重新阐述。

基于此，我们希望用充分发挥设计创意的价值，对已经建设的标准厕所和景区特征，量身定制属于其特有的风格，在入门级厕所的基础上，将建筑外立面简单改造一下，就可以令其变身为"有文化"体验的厕所了。并且通过文化的植入，增加游客对旅游体验的印象，改变人们

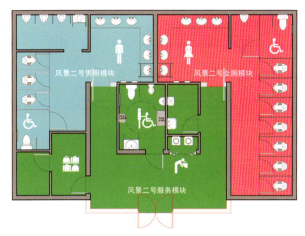

图23 第三卫生间服务模块功能设施

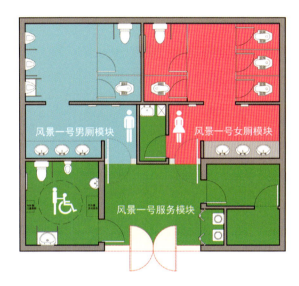

图24 风景一号厕所模块设计

对厕所的常规认识。多一丝文化气息，就离文明更近一步。

设计师可以为旅游区提供多种风景厕所改造方法：如生态包装、文化符号包装、情景模拟等。

3.1 "生态"包装手法

使用生态材质的设计包装，如石、木、生土、新环保材料等等。在厕所的建设材质和装饰材质中，选用取自自然的、便捷的、低成本的绿色材料，如石头、木材、生土等等。也可引入新的环保技术，使用人造环保材料。

适合类型：乡村田园、热带地区、休闲公园、古村落等。

体验特色：将最乡土、最本源的设计，结合茅草、柴火棍、天然石头等展现出来。茅草做屋顶，柴火棍做室外墙体，五彩天然石头做入口门厅。永不过时的生态设计产品，唤起中国人骨子里的农耕情节（图25）。

如厕时扑面而来的茅草气味和原生态材料，掩盖了化学除臭剂的刺鼻气味，让每一个使用者时刻体会到踏足郊野的魅力。

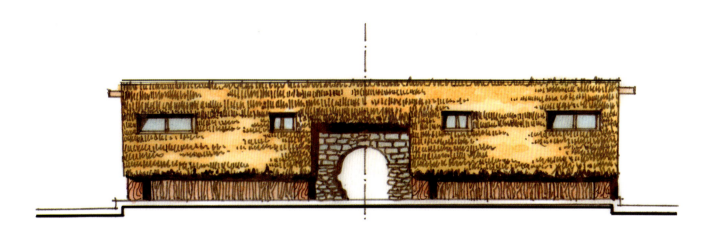

图25 "乡情"厕所立面手绘图

3.2 文化符号包装手法

文化主题下的创意设计,成为旅游区自我风格建立的一部分。

通过厕所建筑造型、内部环艺装修、设施创意设计等方面,打造一个具有主题内容的,与旅游区文化和环境有内在联系的服务功能设施。

独特的厕所是一个旅游回忆中的亮点,一个津津乐道的话题。通过包装设计,我们所革新的旅游厕所将带来更丰富的体验感受,人们将不由自主拿起相机,并惊讶于厕所的"背后也有故事"。

3.2.1 "烽火驿站"厕所

适合类型:长城景区、长城沿线的景点、古镇、古村等。

体验特色:一座饱含中国军事文化的烽火驿站。利用烽火灯光导引人流,用青砖、青铜、木棍等演绎战争与和平,长城、军队和村民,彰显边塞地区粗犷、豪放的风采。入口门厅还可以用皇帝与皇妃,孟姜女和其夫君等作为男女标识牌(图26)。

烽火台所营造的灰色空间,让如厕也充满文艺情怀。

3.2.2 "海底屋"厕所

适合类型:滨海景区、儿童乐园、动物园等主题公园。

体验特色:海底世界的梦幻色彩,给厕所带来一丝清凉。以EPS树脂/玻璃钢为包装材料。钢蓝色的外墙与红色的珊瑚使厕所周边的空气都散发出海洋的气息。海螺大门两边用"鱼公子"和"鱼小姐"作为男女标识牌(图27)。

可爱的厕所外墙与造型,引导孩子正确如厕,不再因内急而随地大小便,做到文明如厕,从娃娃抓起(图28)。

海螺屋厕所,像从童话里走出来的厕所,让人好奇、向往。在里面如厕的感觉,试过才知道。

3.2.3 "大溶洞"厕所

景区背景:地质公园、主题公园、自然风景区等。

体验特色:利用水泥塑形,塑造"钟乳石"质感的溶洞特色厕所,增加一丝神秘,似小龙女修炼的地方,也似山顶洞人生活的场所,这种形式有效地勾起人们的想象,在脑海中匹配记忆的画面。这种具有话题效

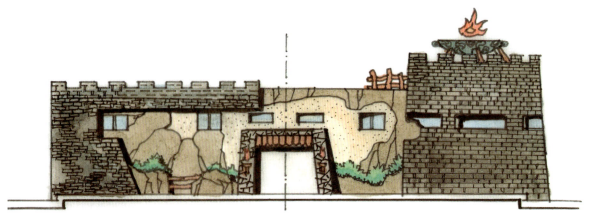

图26 "烽火驿站"厕所立面手绘图

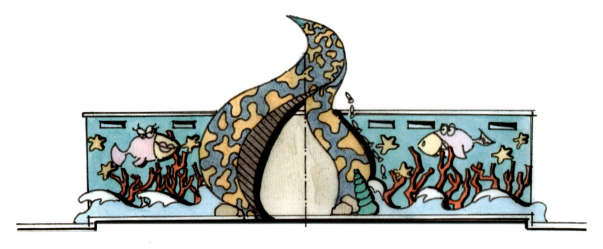

图27 "海底屋"厕所立面手绘图

图28 海螺屋厕所手绘效果图

图29 "大溶洞"厕所立面手绘图

图30 莲花厕所立面手绘图

应的厕所，也满足了人在旅行体验中的说头、感受（图29）。

洞里有谁？洞里的坐便器是什么样子？原始人用什么清洁呢？

4 情景模拟厕所，释放你的想象

风景厕所像剧院，像雕塑，还是艺术品，是文化景区有效的主题体现载体。

莲花厕所（图30）

景区背景：寺庙宗教类景区等。

体验特色：莲花出淤泥而不染，表示由烦恼而至清净。可象征人在如厕的过程中，可变得清净，心灵受到洗礼。一层设置无障碍厕所，方便残疾人使用，二层供大众如厕，屋顶为玻璃，可沐浴阳光的温暖，同时莲花在炎热夏季的水中盛开，炎热表示烦恼，水表示清凉，所以，在厕所外的绿地广场上，以喷泉、小型喷水游乐器材为配景，营造清凉的环境。

参考文献

[1] 史蒂夫·谢克尔. 大师的建筑小品·户外厕所[M]. 北京：清华大学出版社，2011.

国家标准：
旅游厕所质量等级的划分与评定（送审稿节选）

National Standard: Classification and Evaluation of Tourist Toilets (Selected To Be Approved)

国家旅游局监管司标准化处供稿

前言

本标准按照GB/T 1.1-2009给出的规则修订。

本标准代替GB/T 18973-2003《旅游厕所质量等级的划分与评定》。

本标准与GB/T 18973-2003相比，主要内容变化如下：

——调整了标准的结构，加强了相关条目的对应性，减少了重复性内容；

——厕所质量等级由原来的五个等级改为三个等级，由低到高分别是A级、AA级、AAA级（2003版的4.1，旅游厕所质量等级划分为五个星级，星级标志为五角星形状）；

——增加了旅游厕所标准的总则；

——增加厕所的环境保护的内容；

——增加厕所的服务的内容；

——厕所的设计及建设增加了厕所数量和分布的内容；

——调整了有关章节名称及内容；

——修改了厕位比例内容；

——增加了无障碍厕位、无障碍小便位、家庭卫生间、男女通用厕间、厕所服务区域、厕所服务区域最不利点和厕所服务区域最大距离的定义和内容。

——增加了附录A。

本标准由国家旅游局提出。

本标准由全国旅游标准化技术委员会（SAC/TC 210）归口。

本标准修订单位：国家旅游局、北京市旅游发展委员会、北京蓝洁士科技发展有限公司。

本标准主要修订人：彭志凯、张吉林、余繁、熊山华、龙晓华、李明星、吴昊、侯亚军、贾玫玫、李辉、刘冬、王守涛、张援方、邱玮玮、张丛文、杨晓玉。

1 范围

本标准规定了旅游厕所质量等级划分的依据及评定的基本要求。

本标准适用于旅游景区、旅游线路沿线、交通集散点、乡村旅游点、旅游餐馆、旅游娱乐场所、旅游街区等旅游活动场所的主要为旅游者服务的公共厕所。

2 规范性引用文件

下列文件对于本文件的应用是必不可少的。凡是注日期的引用文件，仅所注日期的版本适用于本文件。凡是不注日期的引用文件，其最新版本（包括所有的修改单）适用于本文件。

GB 3095 环境空气质量标准

GB 6952 卫生陶瓷

GB 7959 粪便无害化卫生要求

GB/T 10001.1 公共信息图形符号 第一部分：通用部分

GB/T 18092 免水冲卫生厕所

GB/T 19095 生活垃圾分类标志

GB/T 26396 洗涤用品安全技术规范

GB 18918 城镇污水处理厂污染物排放标准

GB 25501 水嘴用水效率限定值及用水效率等级

GB 25502 坐便器用水效率限定值及用水效率等级

GB 28379 便器冲洗阀用水效率限定值及用水效率等级

GB 50016 建筑设计防火规范

GB 50034 建筑照明设计标准

GB 50242 建筑给排水及采暖工程施工质量验收规范

GB 50763 无障碍设计规范

CJJ/T 102 城市生活垃圾分类及其评价标准

CJ 343 污水排入城镇下水道水质标准

3 术语和定义

下列术语和定义适用于本文件。

3.1 旅游厕所 tourism toilet

旅游景区、旅游线路沿线、交通集散点、乡村旅游点、旅游餐馆、旅游娱乐场所、旅游街区等旅游活动场所的主要为旅游者服务的公共厕所。

3.2 无障碍厕位 water closet compartment for wheelchair users

公共厕所内设置的带坐便器及安全抓杆且方便行动障碍者进出和使用的带隔间的厕位。

[GB 50763-2012，定义2.0.15]

3.3 无障碍小便位 accessible urinal

方便行动障碍者使用的带安全抓杆的小便位。
[GB 50763-2012,定义2.0.18]

3.4 家庭卫生间 family toilet
为行动障碍者或协助行动不能自理的亲人(尤其是异性)使用的厕所。如女儿协助老父亲,儿子协助老母亲,母亲协助小男孩,父亲协助小女孩,配偶间互助等。

3.5 男女通用厕间 no-gender toilet
无性别限定的如厕单间,男女均可使用,通过入厕锁门实现安全及隐私保护。

3.6 厕所服务区域 toilet service coverage
在对游客开放的区域内,按照规划属于某厕所服务的范围即为该厕所的厕所服务区域。如无明确规划,则在对游客开放的区域内所有沿路线到达该厕所比到达其他厕所更快捷的区域都属于该厕所的厕所服务区域。

3.7 厕所服务区域最不利点 the least convenient point in the toilet service coverage
厕所的服务区域内,沿线路到达该厕所所需时间最长的点即服务区域最不利点。

3.8 厕所服务区域最大距离 the farthest distance in the toilet service coverage
厕所的服务区域内,沿线路到达该厕所的最大距离为厕所服务区域最大距离。

4 总则

4.1 要求
旅游厕所的建设应符合公共厕所的现行国家相关标准规定,应注意对文物古迹、自然环境和景观景点的保护。

4.2 目标
解决旅游厕所脏、乱、差、少、偏的问题,提高旅游厕所文明程度,包括:
——旅游厕所应数量充足、分布合理,厕位的数量应满足需要,男女厕位比例应符合规定。
——旅游厕所应管理有效、干净无味、运行良好。
——不具备水冲厕所建设条件的,可采用符合环保要求、维护方便、运行可靠的新技术来建设旅游厕所。
——宜免费使用。

5 质量等级划分及标志

5.1 质量等级划分
旅游厕所质量等级划分为3个等级,由低到高依次为A级、AA级、AAA级。

5.2 质量等级划分的依据
质量等级的划分以本标准的第6章为依据,包括通用要求和分级要求。通用要求提出了旅游厕所质量评级的一般要求。A级、AA级、AAA级是在符合通用要求的同时还要分别符合A级、AA级、AAA级的要求。

5.3 等级标志

A级、AA级和AAA级旅游厕所质量等级用"A、AA、AAA"表示,采用统一LOGO标志,示意图可参见资料性附录A。

6 质量等级划分

6.1 通用要求
6.1.1 设计及建设
6.1.1.1 数量与分布

厕所数量与分布应符合以下规定:

a) 应明确每个厕所服务区域。相邻的厕所服务区域可重叠,厕所的数量与分布应符合本标准4.2的规定,应没有明显的服务盲区。

b) 以老人、孩子为服务对象的旅游目的地,厕所服务区域最大距离宜不超过500m,从厕所服务区域最不利点沿路线到达该区域厕所的时间宜不超过5分钟。

6.1.1.2 整体设计

厕所整体设计应符合以下规定:

a) 建筑面积、厕位数量及布局根据人流量设定,如厕排队等待宜不超过5分钟;在旅游区出入口、停车场等人流易聚集的地方,建筑面积、厕位数量及布局应考虑瞬时人流量承受负荷,厕所出入口宜设多个;旅游高峰季节时间较短的地区可临时采用活动厕所补充厕位数量。

b) 外观与周边环境相协调。

c) 厕所应注意隐私保护,并根据当地气候特点设计,热带地区可采用开放式入口,寒冷地区应考虑冬季保温需求。厕所设大门时,门扇与门框间应防夹手。

d) 建筑主体材料及装饰材料应选用对人体无害的,防火性能应符合GB 50016的规定。

6.1.1.3 厕位(间)

厕位(间)应符合以下规定:

a) 男女分区的厕所男女厕位比例(含男用小便位)不大于2∶3。

b) 在采用男女通用厕间时,男女厕位比例(含男用小便位)的计算方式为从(M+X)∶N到M∶(N+X)之间(M——男厕位数量,N——女厕位数量,X——男女通用厕位数量),此比例范围应涵盖2∶3。在瞬时人流负荷较大的区域(如停车场、旅游区入口等)厕所宜设男女通用厕间。

c) 坐蹲位设置比例宜不小于1∶5,男厕大小便位比例宜不小于1∶2,全是男女通用厕间的厕所每座厕所宜不少于一个坐位。

d) 大小便位中至少各设一个儿童便位,至少各设一个无障碍便位;便位数量有限时,无障碍小便位和儿童小便位可设在一起。

e) 在以儿童旅游为主体的场所应按照儿童数量比例增设儿童便位的数量。

f) 大便位隔断板(墙)上沿距地面高度应在1800mm以上,下沿距地面高度应在150mm以内。小便位隔断板(墙)上沿距地面高度应在1300mm以上,下沿距地面高度应在600mm以内。

g) 每个厕位内应设手纸盒、衣帽钩、废弃手纸收集容器,宜设搁物板(台)。每个厕位内应设不少于一个扶手,且位置合理,安装牢固。

h) 厕位(间)的门锁应牢固,应可内外开启。厕位宜设有无人功能提示装置。

6.1.1.4 便器

便器应符合以下规定:

a) 在具备上下水的条件下宜选择陶瓷便器,应符合GB 6952的规定。
b) 在不具备上下水条件下可采用免水源卫生便器,应符合GB/T 18092的规定。
c) 可根据客源结构,为大便器配备肛门清洁装置。

6.1.1.5 配套设施

厕所配套设施应符合以下规定:

a) 厕所应设洗手盆和水龙头等洁手设备,宜配洗手液容器和干手设备。洁手设备若放在厕位间内,则每个厕位都应配置。洁手设备可男女分区,也可男女通用,其数量参照下表1配置。无上水条件的厕所洁手设备可采用雨水收集、干式净手器等新技术。
b) 厕所应设面镜。
c) 厕所根据地区气候宜提供降温和取暖设施。
d) 洗手区域应配置废弃物收集容器。
e) 应设置灭火设备。
f) 应配备必要的保洁工具。

表1 洁手设备与厕位数量关系表

厕位数(个)	男洁手设备数(个)	女洁手设备数(个)
4个以下	1	1
5~8	2	2
9~12	3	3
13~16	4	4
17~20	5	4
21以上	每增5个厕位增设1个	每增6个厕位增设1个
男女共用洁手设备数量=(男洁手设备数+女洁手设备数)×0.8		

6.1.1.6 室内设计

厕所室内设计应符合以下规定:

a) 厕所的通风设计应满足换气次数应在5次/小时以上,应优先采用自然通风,寒冷地区宜设附墙垂直通道,当自然通风不能满足要求时可增设机械通风。
b) 厕所窗地面积比宜不小于1:8。
c) 男女厕所可分开设置,也可设男女通用厕间。
d) 室内地面铺装前应做防水,装饰面应采用防滑、防渗、防腐、易清洁建材。内墙面应采用防水、防火、易清洁材料。室内顶棚应选用防潮、防火、易清洁材料。
e) 室内照度应符合GB 50034的规定,应选用节能、防潮灯具。
f) 为方便保洁,水冲式厕所厕位内地面宜与厕所内地面标高一致,采用新技术的厕所厕位内地面宜不超过室内地面标高180mm。
g) 管理间宜根据管理、服务需求设计,使用面积宜不小于4.0 m^2。工具间根据需求设计,使用面积宜不小于1.0 m^2。

6.1.1.7 家庭卫生间

如设置家庭卫生间,应符合下列规定,平面布置可参照图1:

a) 家庭卫生间应符合GB 50763的规定,可不再另设无障碍大便位。
b) 内部设施应包括成人坐便位、儿童坐便位、儿童小便位、成人洗手盆、儿童洗手盆、有婴儿台功能的多功能台、儿童安全座椅、安全抓杆、挂衣钩和呼叫器。
c) 使用面积宜不小于6.5m^2。

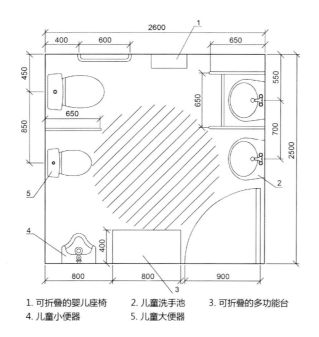

1. 可折叠的婴儿座椅　　2. 儿童洗手池　　3. 可折叠的多功能台
4. 儿童小便器　　5. 儿童大便器

图1 家庭卫生间平面布置图

6.1.1.8 男女通用厕间

男女通用厕间的功能配置除应符合6.1.1.3的要求,还应符合以下要求:

a) 男女通用厕间里应设一个大便器,为保持大便器的卫生,宜同时设一个小便器。

b) 应满足本标准里对厕所照明、采光和通风的要求。

c) 男女通用厕间应注意隐私保护,厕间隔断板(墙)不互通。

d) 男女通用厕间净使用尺寸应不低于长1.2m,宽0.9m;厕间内同时设大小便器时,净尺寸应不低于长1.4m,宽1.2m。

e) 洁手设施可放在厕所的男女共用空间,也可放在放在男女通用厕间内部,放在厕间内部时厕位尺寸宜适当加大。

6.1.1.9 给排水

厕所给排水应符合以下规定:

a) 旅游厕所的给排水及采暖管路的布置与安装应符合GB 50242的规定。

b) 给水管路进户前应设水表检查井,井内应设排空阀门,进户管道内径应不小于50mm,北方地区应采取防冻措施。

c) 排水管路出户后应设排水检查井,管路材质宜为PVC,直径应不小于160mm。

d) 厕所地面应合理设置防腐水封地漏,确保地面无积水。

6.1.1.10 标识及导向系统

厕所的标识及导向系统应符合以下规定:

a) 标识牌应采用标准图案,应符合GB/T 10001.1的规定,中英文对照(可根据客源分布情况增设其他文字),材质防腐、防眩光,安装位置醒目,易识别。

b) 厕所指向牌应指向所属厕所服务区域的厕所或沿不同方向距离最近的厕所,标明指向牌与厕所的路程长度。厕所夜间开放的,厕所标牌应昼夜可识别。厕所应有文明用厕宣传牌,文字规范,宣传内容通俗易懂。

c) 男女厕所标志牌安装在男女厕所入口处,规格不小于300cm^2;男女通用厕间的标志牌安装在厕门上部,规格不小于100cm^2;无障碍厕间的标志牌安装在厕门外,规格不小于300cm^2;家庭卫生间的标志牌安装在厕门外,规格不小于400cm^2;厕所蹲坐位标志牌宜安装在厕位门的中上部,规格不小于60cm^2。以上标志牌长宽比例宜在2:3~3:2之间。

d) 旅游区重要节点处宜标明厕所的分布位置，有条件的旅游区可建立智能导向系统。

e) 旅游厕所质量等级标志牌宜安装在厕所入口处的合理位置。

6.1.2 环境保护

6.1.2.1 选址规划及建设

厕所的选址规划及建设应符合以下规定：

a) 厕所的选址和建设过程中不应破坏文物古迹、自然环境、景观景点。

b) 任何污水和处理过的中水均不应排入以天然水为主题景观的水域。

c) 厕所的污水管道应经化粪池接入污水管网，不应接入雨水管、河道或水沟内。

d) 水冲厕所应建化粪池，化粪池的出口应接入污水管网，化粪池出口的水质应符合CJ 343的规定。

e) 不具备水冲厕所建设条件的，宜采用符合环保要求、维护方便、运行可靠的新技术来建设旅游厕所。不应采用耗材难以降解的厕所技术。不宜采用高耗能的厕所技术。

f) 采用新技术的厕所，需要建设排放物处置设施（如：贮粪池）的，不应造成渗漏。

g) 不能经污水管道排放的污物应输送到法规允许的处理场所（如：粪便消纳站、粪便处理厂），如果没有应修建。

6.1.2.2 设备设施

厕所的设备设施选用应符合以下规定：

a) 宜选择节水型便器。

b) 洗手盆宜配节水龙头。

c) 照明及其他用电设备宜选择智能节电开关。

6.1.2.3 运行要求

厕所的运行要求应符合以下规定：

a) 厕所各项管理制度中应体现对环境保护的重视。

b) 厕所使用的除垢剂、洗涤剂等会流入排污管的耗材应符合GB/T 26396中C类产品的要求。用于金属洁具的除垢剂、洗涤剂不应对相应的金属有腐蚀作用。

c) 粪便污物需要运送（包括：人力、畜力、机械化运输）的应保证运送的过程不遗撒、不非法倾倒、不散发明显臭味，散发的气体应符合GB 3095的规定。

6.1.3 管理与服务

6.1.3.1 管理制度与文件

厕所管理制度与文件应符合以下规定：

a) 应包括厕所管理方面的岗位职责和绩效制度。包括：专人负责保洁、检查和维修，厕所日常管理职能部门的设置、人员分工、技能培训和绩效考评等。

b) 应包括厕所设计图纸、竣工档案和相关的验收文件。

c) 应包括厕所的保洁质量规范、安全管理的规范和厕所责任区的规定。

d) 应包括厕所的清运作业操作规范。

e) 应包括厕所的粪便抽运及排放记录、清运作业质量检查表和污物排放的巡查记录。

f) 厕所应有明确的编号，标明开放时间、保洁人员姓名、监督电话等内容。

g) 开放时间与所在场所经营开放时间应一致或更长，夜间照明时间与厕所开放时间一致。

6.1.3.2 保洁人员

保洁人员应符合以下规定：

a) 应能读写常用汉字，听懂日常普通话，适应旅游区环境，服从管理听从指挥，经相关操作培训能胜任工作。

b) 保洁人员的工作职责包括对厕所的日常保洁，对设施设备损坏的报修，应急安全的处置。

c) 应按规定着装，佩戴胸卡上岗。

d) 应严格遵守作息时间。

e) 捡拾遗失物品应及时交还失主或上交上级管理人员。

f) 不应随意停用厕位,或将管理间、工具间改作它用。

g) 管理间不应留宿他人。

h) 不应私接乱拉电源。

i) 厕所责任区内遇到火灾、自然灾害、治安案件或人员受伤、发病等突发事件,应在第一时间通知管理人员,并选择拨打119、110或120电话,同时采取相应的紧急措施。

6.1.3.3 管理服务质量

表2 厕所恶臭强度同恶臭气体浓度及嗅觉感受的关系

恶臭强度	恶臭气体(ppm)		正常嗅觉的感受
	NH_3	H_2S	
0	0	0	无味
1	0.1	0.0005	勉强能感觉到气味
2	0.6	0.006	气味很弱但能分辨其性质
3	2.0	0.06	很容易感觉到气味
4	10.0	0.7	强烈的气味
5	40.0	3.0	无法忍受的极强的气味

厕所管理服务质量应符合以下规定:

a) 不同等级厕所的异味强度应符合相应的分级要求。厕所恶臭强度同恶臭气体浓度及嗅觉感受的关系如表2。

b) 洗手盆、水龙头、便器及其触发装置应保持洁净,无污垢,并保持较高的正常运转率;水冲厕所的水压应保持正常,采用新技术的便器内应保持足够的功能性耗材。

c) 管路、管件应无堵塞、无滴漏。

d) 厕所涉及的各种耗材(如:卫生纸、坐垫纸、洗手液、垃圾袋等)应及时补充,不应短缺。

e) 厕所内如有安全隐患,应及时排除,排除安全隐患期间,应设置明显的提示信息及隔离带防止游客靠近。厕所的厕间、便位、洗手盆等基本功能单元及设施因故障、耗材短缺等各种原因导致停用的,应设置明显的提示信息,并注明主要原因。

f) 厕所夜间开放时间应有照明,遇雨雪等恶劣天气应适时开启照明设备,及时扫雪(水),摆放防滑标识,铺设防滑垫。

g) 根据季节特点开窗通风。门帘根据冬季、夏季规定时间进行更换。

h) 灭火器应摆放在明显、易取的位置并掌握使用要领,不应随意动用。

i) 厕所外的责任区域应保持整洁。

j) 应对各种井盖进行监管,凡发现不安全隐患或丢失的应立即做出安全防护性处理,并在明显位置放置警示标识,第一时间向管理人员汇报。

k) 不应用水冲洗墙壁上的电源、开关及各种电气装置。

l) 应严格按照除垢剂、杀虫剂使用说明书中所规定的标准、剂量使用,保管好药品,接受各部门人员的检查监督,防止造成环境影响和污染。

6.1.3.4 收费

收费旅游区内的厕所应供游客免费使用。

(由于篇幅限制,本标准以下6.2至6.4节的A级旅游厕所、AA级旅游厕所、AAA级旅游厕所的等级标准要求和附录,这里已经暂时略去。特向读者致歉。——编者)

第一届全国旅游厕所设计大赛

为全面展示旅游厕所发展水平,引入旅游厕所设计新理念,加强旅游厕所文化的宣传,进一步提升全国旅游厕所设计、建设水平,国家旅游局组织开展了"第一届全国旅游厕所设计大赛"。经过旅游、建筑设计、环境卫生等方面7名专家组成的评审委员会认真严肃、公开公正、科学规范的初评、复评和审核,共评选出了20个获奖作品。其中,一等奖3个,二等奖3个,三等奖4个,鼓励奖10个。

获奖名录

一等奖

天安门地上公厕方案设计
北京市环境卫生设计科学研究所

严寒旅游景区无水生态化厕所设计
吉林省路克奔环保设备制造股份有限公司

江西婺源篁岭景区公厕设计方案
江西省婺源县村庄文化传媒有限公司

二等奖

藏式厕所
甘肃省甘南藏族自治州卓尼旅游局
甘肃省城市规划设计研究所

诗画江南旅游厕所方案设计
浙江省诗画江南文化发展有限公司

桂林芦笛景区厕所设计方案
桂林市芦笛景区管理处
桂林市园林规划建筑设计研究院

三等奖

花园厕所
北京蓝洁士科技发展有限公司

中德生态园旅游公厕方案
山东省"笔墨团队"中德组

自然之轴
上海宜来卫浴有限公司

看得见风景的庭院式旅游厕所
江苏省城市规划设计研究院

鼓励奖名录从略

严寒旅游景区无水生态化厕所外景效果图

"第一届全国旅游厕所设计大赛"
得奖作品设计思路

Design Inspirations of The First National Tourist Toilet Design Competition

史春龙　　严寒旅游景区无水生态化厕所设计——旅游景区厕所生态化设计理念及技术

谢慰慰　　诗画江南旅游厕所方案设计

尤　琪　支　帅　　中德生态园旅游公厕方案

图片来源：吉林省路克奔环保设备制造股份有限公司提供

严寒旅游景区无水生态化厕所设计——旅游景区厕所生态化设计理念及技术

Ecological Toilet Design for Tourism Scenic Spots in Cold Region: Design Concept and Technology

文 / 史春龙

【摘　要】

根据天气寒冷地区的地理条件，设计了针对性的旅游厕所，使其在公共厕所空间的洁净度和低温高浓厕所污水的处理上实现了更好的效果。

【关键词】

分散式污水处理；智能泡沫节水洁具；公厕嗅觉污染；视觉污染；节水洁具

【作者简介】

史春龙　吉林省路克奔环保设备制造股份有限公司技术总监

注：本文图片均由作者提供。

1 项目背景

2015年4月份，国家旅游局倡议举办了第一届旅游厕所设计大赛，我公司设计的"严寒旅游景区无水生态化厕所设计"获得了一等奖（图1、图2）。我们极为喜悦地看到国家旅游主管部门对游客、对景区生态的关注和重视。

与我国各地旅游景区秀美、悠久的自然、文化景观不协调，景区公共厕所一直是景区的短板。问题主要体现在：①卫生情况，包括嗅觉、视觉、微生物学指标不理想；②高耗水洁具的使用导致运营成本和建造成本高；③大部分景区公共厕所没有污水处理设备，污水直排导致周边环保指标不合格。造成以上问题的关键因素一是没有高性价比的技术配套，二是没有足够的重视。

基于以上需求，我们研发了两种技术，一种是实现高度洁净卫生间的泡沫洁具技术，另一种是处理高浓厕所污水的小型污水处理设备和相应的中水回用系统。

2 高度洁净的公共厕所空间

人们对公共厕所最直观的差评就是臭和脏，就是嗅觉和视觉上的污染。2008年，我们成立了以水基泡沫技术为核心，主打节水、隔臭、防病菌功能的智能卫浴研发机构——T-BOX智能泡沫技术研发中心。智能泡沫技术的核心是在与污物接触的洁具表面制造大量细微泡沫，起到视觉和嗅觉隔绝的作用。

2.1 气味和视觉污染控制

男士小便器是厕所氨气（呛鼻气味）最主要的产生源，大量细菌都具有将尿液快速分解为尿素的能力。以常规陶瓷小便斗为例，每平方厘米小便斗底部和管道内表面含有细菌1800万个，这些细菌能够在20min内将尿素完全转化成氨气，每10人次的尿液能够使1m³空间氨气浓度达到350ppm，而70~150ppm的氨气就能够出现呼吸道及眼刺激症状。大量频繁冲水可以实现氨味浓度降低，但是会消耗大量水。智能泡沫小便器的应用则很好地解决了这一问题。泡沫含有的天然抑菌成分，能长时间停留在小便器内，细菌与之接触后脲酶功能受到抑制，无法将无味的尿液转变为氨气，卫生间空气质量大为改善。

使用泡沫洁具使得厕所的臭味指数几十倍下降，消除公厕嗅觉污染。

2.2 洁具节水功能

很多景区远离水源，或者污水量有严格的排放限制，这导致洁具冲水量不足，无法满足卫生要求。有些地区人流量过大，导致水耗成为较大运营负担。以一个中型景区为例，日游客量2万人，年需要消耗的冲厕所水为21万t。我们采用泡沫节水洁具和模糊控制工艺设计实现了减少

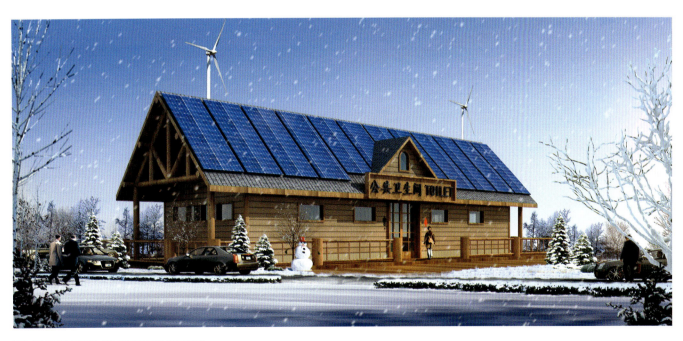

图1 严寒旅游景区无水生态化厕所外景效果图

图2 厕所内部图

70%以上的用水量。

当使用者使用便器时，所有小便都不用水，而是采用泡沫进行冲洗或覆盖，泡沫含水量低，同等体积的泡沫只有1%的水，而覆盖隔臭功能却比水更加出色，这样在实现同等洁净的基础上，泡沫节水洁具可以节约几乎所有的小便冲水和70%以上的蹲便器冲水。

2.3 气溶胶微生物控制功能

粪便是多种传染病的大本营，在传染病病人的每克粪便中，含有100万~10亿个志贺氏(杆)菌，10万~1亿个沙门氏菌，1亿~10亿个诺洛病毒。志贺氏(杆)菌是人类已知的对人类毒性最强的细菌，而诺洛病毒是常见的可引起病毒性胃肠炎的元凶。

2006年，英国阿斯顿大学药物与生物科学系进行的研究测试发现洁具冲水后，空气中的细菌浓度上升到1370 CFU/m³，病毒浓度上升为2420 PFU/m³。第二次的冲水尽管产生的微生物数量变少，但是同样进一步导致了空气中微生物的增加和扩散。洁具冲水一次就导致卫生间空气中微生物浓度超医院标准的20倍(图3)。

一项2012年的研究报告在美国公布，调查发现，32%的洁具上有痢疾杆菌，其中一种名为"宋内"的痢疾杆菌在洁具圈上存活的时间长达17天。上海复旦大学公共卫生学院的另一份实验报告也指出，将1亿个脊髓灰质炎病毒投入洁具内，溅到座圈上的病毒竟有3000个。如果考虑冲洁具时空气中形成气溶胶病毒的数量，情况将更加严重。

厕所内大量细菌产生与扩散的原因在于洁具内腔空气在冲水时被快速压缩，从而产生高速气体冲击便器污水表面，引起病菌扩散。阻断气溶胶扩散最好的办法就是阻断污水与空气的接触。T-BOX智能泡沫研发中心设计了T-BOX泡沫发生装置，该装置能利用微量电力制造无数直径0.1~1mm黏性水基气泡并在洁具水封上形成50~80mm厚的泡沫层。该泡沫层能阻挡20mm水柱高度的气压，彻底阻断空气接触污水。当使用这种洁具前，启动开关就会有细腻的泡沫流向洁具水封，封锁住所有的排泄物，消除溅水和臭味散发。当启动冲水按钮时，泡沫就像一层厚厚的盖子覆盖在洁具水封表面，完全阻断了压缩的洁具腔体空气和污水的接触，从而防止微生物扶摇直上，喷射而出。经过江苏省疾病预防控制中心检测，采用泡沫技术的马桶能够彻底阻断细菌向空气扩散的问题。

采用泡沫系列技术的产品能够最大限度实现卫生间无臭味，无视觉污染，节水，防止细菌扩散导致的交叉感染等问题(图4)。

3 厕所粪便污水深度处理与回用

旅游厕所需要解决粪便污物的排放问题，但是景区往往远离管网，无法使用大型污水处理厂的处理设备，如何解决游人如厕和环境生态的

图3 美国电视节目暗视野情况下拍摄的洁具细菌气溶胶扩散照片

图4 泡沫覆盖住粪便,抑制细菌散播和臭味扩散

矛盾,是摆在景区面前的难题。

由于国内外的环保技术都集中在大型市政工程,污水量都以万吨计算,没人会关注一个小厕所的污水问题,所以这使得厕所排污成了难题。同时由于地处严寒地区,在关键污染物降解上难度远超平常污水。

我们针对厕所污水流量小,污染物浓度高的特点,创造性地设计了低温固定化微生物技术和循环厌氧酸化氧化技术,从根本上解决了低温、浓度高、低流量的厕所污水处理问题。

3.1 污水处理流程(图5)

(1)污水首先进入格栅调节池,主要拦截污水中较大的悬浮物或漂浮物如木屑、塑料制品等,给后续处理提供稳定的污水流量,避免处理系统中水量波动较大,同时兼有去除部分COD、BOD、SS与氨氮的作用。

(2)厌氧滤池,将污水中的大颗粒物质沉淀下来以及水中大悬浮物质悬浮初步隔离起来,并进行厌氧硝化,除去部分的污染物。

(3)调节池的污水通过污水提升泵,提升至水解酸化池。水解酸化池内设置专用水解装置以形成填料床和污泥床,通过水解菌和产酸菌

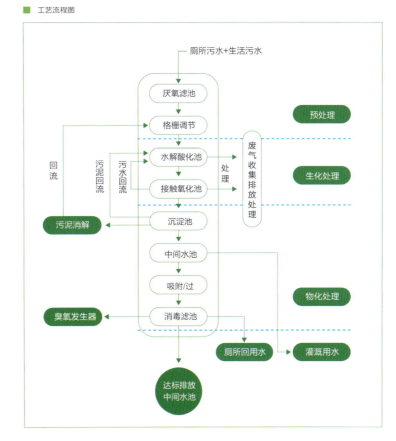
图5 工艺流程图

等兼性厌氧菌的协同作用,降解部分有机物,并将不溶性有机物转化为可溶解的有机物,将难降解的大分子物质转化为易降解的小分子物质,改善了污水的可生化性;同时,

图6 严寒景区长白山大峡谷厕所效果图

水解酸化池对水中表面活性剂有较高的去除率，为后续的生化处理创造了良好的条件。出水自流入生物接触氧化池。

（4）生物接触氧化池内设固定化微生物床，这种特殊的生物相组成使本单元具有很强的根据有机负荷大小自动调整生物量的功能，可有效消除处理负荷的季节性变化对生化处理单元的不利影响，保证生化处理单元稳定运行。经过悬浮填料上微生物的降解，大部分有机物以二氧化碳形式被去除。

（5）经过生物氧化池后的污水，有机物含量已经大大减少。脱落的生物膜在沉淀池中得以去除。沉淀池采用斜网沉淀，因斜网沉淀池具有沉淀时间短、处理效果好、占地面积小等优点。

（6）经过斜网沉淀池沉淀后，出水达标排放。

（7）生物接触氧化池内污水定期回流至水解酸化，增加污泥停留时间，提高处理负荷，且氨氮经过反硝化以后得以去除。

（8）沉淀池沉淀污泥由污泥泵打入至厌氧滤池厌氧硝化，厌氧滤池的沉淀物定期由环卫处吸走外运填埋，厌氧滤池水面悬浮物定期清理。

3.2 流程特点

（1）水解酸化池与生物接触氧化池内部均设置高效填料，挂膜快，脱膜容易，耐冲击负荷，有机物去除率高，高缺氧态的酸化池维持最高的脱氮效率。

（2）接触氧化池安装有高浓度固定化微生物菌剂，具有很高的生物固体浓度和高的有机负荷，能够达到很高的污染物去除率。

3.3 核心技术介绍

3.3.1 尿液脱氮工艺

公共厕所最大的污染物是尿液，而针对这种高浓度尿液的处理方法，业内没有成熟经验。我们采用了循环厌氧酸化氧化的技术，通过提高回流比，严格控制处理设备中溶解氧浓度、pH值，使设备在不需要

表1 6厕位生态卫生间水处理设施投资比较（5km管网为例）

项目	名称	管网铺设投资（万元）	污水就地处理投资（万元）	年回收水量（t）
1	普通卫生间	250~750	1	2160
2	生态卫生间（排放）	0	12~24	—
3	生态卫生间（回用）	0	30~45	1900

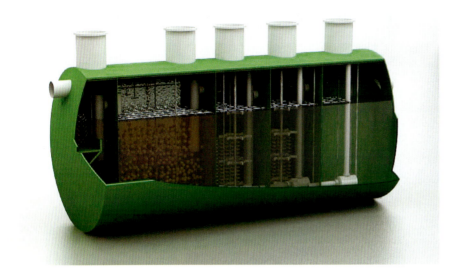

图7 粪便污水深度处理一体化设备

补充额外碳源的条件下实现完全的氮素去除。

3.3.2 微生物菌种

北方高寒地区的污水在冬季很难达标，一个重要的因素就是低温下常规微生物的代谢活动非常缓慢，如硝化细菌在25℃硝化速率就较低，15℃基本停止硝化，这必然导致整体污水脱氮过程受到影响。而负责纤维素、蛋白、脂肪分解的微生物生理活动也会受到较大影响。

我们根据这一情况，从低寒地区筛选能够在低温下具有较高代谢性能的各类微生物菌种，将其在污水处理体系外进行大量培养，再将其接种到污水处理单元。利用外源微生物的数量优势和冬季生长优势，提高其在整个污水处理系统中的比重，增加污水处理整体效率。

目前，我公司已经有专门的尿液粪便处理菌种10余种，不仅能够实现低温降解，还能在常温下实现快速的尿素降解。

3.4 污水处理技术的优势

一个小型的6厕位卫生间污水处理设施如果铺设管网进行处理，不仅要同样花费污水处理的费用，还要增加巨额的基建费用（表1）。而就地处理的污水处理设备不仅省去了管网费用，还可实现污水的回用（图7）。

诗画江南旅游厕所方案设计
Tourist Toilet Design by Shihua Jiangnan Design Company

文 / 谢慰慰

【摘 要】

风景名胜区的厕所在一定程度上反映了所处景区的地域特征、文化特色、历史传统，是景区必不可少的服务设施。进入21世纪，随着我国社会经济、科学技术的发展，人们对景区中的厕所的期待也越来越高。但是长期以来，旅游厕所在建筑设计领域都属于被忽视和遗忘的角落。旅游厕所涉及识别进入、环境保护、健康和卫生、妇女和儿童、残疾人和老年人以及规划、建筑工程、设计和技术、可持续发展等诸多方面的问题。我们在研究中，结合自己的专业和实际情况，把旅游公共厕所问题进行归纳研究，从旅游厕所为什么要改革、旅游厕所的改革方向以及我们革命的路线方面进行开展。

【关键词】

旅游厕所；识别性；人性化设计；地域文化性

【作者简介】

谢慰慰　浙江诗画江南文化发展有限公司项目经理

注：本文图片均由作者提供。

1 设计项目背景

在国家推动旅游业发展的宏观政策鼓舞下，旅游人数、旅游消费的发展速度都相当惊人，对旅游景区的体验性、休闲性的要求也越来越高，很多陈旧的老景区、传统景区已经无法满足游客对休闲旅游、观光旅游的要求，景区面临游客流失、旅游消费力上不去、硬件设施不配套的问题，这些问题的集中爆发促使景区都面临着提升改造的压力。

此项目是苏州一个传统景区在提升改造过程中的一个设计节点，景区精细化建设的理念也越来越被广为接受，建设方也很重视景区硬件设施的提升及改造，我们同时也希望在设计中引导这种精细化、精致化的设计方向，旅游公厕也相应地成为一个受多方关注的聚焦点。

2 设计理念

苏州有着深厚的古典园林文化背景，建筑风格清新典雅，环境营造追求意境与氛围，我们在设计中也强调了这一特点。

2.1 识别性

在景区内，所有建筑我们都视为景点，哪怕是厕所。所以我们对这个项目的定位是具有厕所功能的风景建筑，它既具有厕所的适用功能，又兼具景观性、识别性，通过与周围水景的结合，形成比较突出、明显的景观点。在这个基本的定位基础上，再融入特有的文化背景、地域特色，让旅游厕所不突兀，不破坏环境氛围。

2.2 进入性

旅游公厕的适用性很重要的一个表现即是进入性。对建筑外部而言，进入性在于对公厕的选址、出入口设置、服务半径的考虑，这些要素都尤为重要。一个好的人性化的设计往往会让游客在不经意间感觉到舒服与方便，不会为了找一个厕所满景区地跑；对建筑内部而言，进入性在于建筑室内空间所营造的氛围、人流流线组织得方便与否。我们在这两点上都进行了深入的研究，通过对游客主要分布与集聚地的分析，游客流量的分析，游客类型的分析，确定了旅游公厕的设置位置与服务半径，内部则用最简洁方便的流线到达各个适用空间。

2.3 地域文化性

在建筑立面设计上，我们延续了苏州固有的建筑语言，采用了白墙灰瓦的材质，在这个基础上融合了一些现代的建筑语言，彰显地域特色；

图1 3A旅游厕所效果图

图2 3A旅游厕所平面图

在建筑室内装修上，采用江南小清新的装修风格，简洁大气，注重人性化设计。

3 空间设计路线

此次设计厕所为3A级旅游厕所，建筑面积101m²，其中管理用房面积：10.0m²，男厕面积：30.0m²，女厕面积：43.0m²，残疾人卫生间面积：9.0m²，公共空间面积：9.0m²。建筑平面采用均衡式布局，左右分别为男女厕所，中间设置残疾人及母婴室，采用最简洁的布局方式组织动线，如图1、图2所示。

上厕所已经不仅仅是为了"方便"，还兼有休息、享受的功能。厕所里面除了干净整洁，设置更是讲究人性化（图3）。基于此，我们此次设计的旅游厕所以苏州为地域背景，设计具有当地文化特色的旅游厕所。主要体现在以下几个方面：

3.1 人性化的舒适空间

厕所除了是排泄场所外，更是舒适的人性空间。厕所的每个便位内都设有挂衣钩，小便器上装有具有除臭、飘香、杀菌和防止冲水管堵塞的功能，洗手后有烘干机用等。这些精心设计的装置，使人们在如厕的同

图3 厕所室内图

时,也得到一个放松与休息的空间。为了女性朋友不再排长队,男人也不再苦等女人上完厕所,设计男女厕位比为2∶3;为了孩子,专门提供儿童洗手池及小便池;为了行动不方便的人提供无障碍设计,内设有坐便器、洗手盆、挂衣钩、呼叫按钮、安全抓杆等特殊器材。

3.2 个人化的隐私空间

尤其是女厕所,占整个面积的1/2,有较广阔的空间,女性可以在那里休息、化妆。而且为了防止哺乳期带小孩的妈妈出现各种尴尬,还专门设计了婴儿台以及单独的卫生间。

3.3 情趣的艺术空间

厕所内部会摆上假花或鲜花,还会挂上富有当地特色的名画,手纸整齐地叠放着。厕所内部灯光的色彩与设计也是配合整个建筑风格来做。

3.4 形象化的文化空间

具有特色的旅游厕所几乎可以说是与周边的环境融为一体,厕所内外无一不让人轻松自在。本厕所建筑立面引用苏州古典园林建筑门、窗、墙等构件的特色,结合现代建筑元素,强调建筑的融合与创新。建筑风格为新江南水乡特色,整体风貌与周边环境相融合,秉持建筑即景观的设计原则,强调本土地域特色与景观特色。

4 结语

景区公厕与老百姓每天的生活息息相关。面对当今中国日益严峻的环境保护形势,我们真诚地希望,在景区公厕建设领域,达到低碳、可持续发展等目标,最终实现旅游景区、旅游线路沿线,交通集散点、旅游餐馆、旅游娱乐场所、休闲步行区等的厕所全部达到标准,并实现"设计新颖、低碳环保、永续利用"的要求。

中德生态园旅游公厕方案
Tourist Toilet Design by a China-Germany Eco-park Team

文/尤 琪 支 帅

【摘 要】

参加全国旅游厕所设计大赛的中德生态园团队成员来自全国各地。本文介绍了该团队采用远程协同的技术方式，尝试BIM和绿建等技术手段，在设计青岛中德生态园旅游厕所时进行的探索。

【关键词】

建筑信息模型（BIM）；远程协同设计；绿建；青岛

【作者简介】

尤 琪 深圳蓝波绿建BIM总监

支 帅 安徽省建筑设计院BIM总监

注：本文图片均由作者提供。

本次参加旅游厕所大赛的青岛中德生态园旅游厕所设计团队是一个基于BIM应用的"笔墨"设计师团队，全体成员来自全国各大设计院、施工单位软硬件供应商、设备供应商。本次设计通过互联网+进行，团队成员互不认识，尝试了BIM、绿建等各种建设专业技术手段，通过远程协同设计技术，完成多任务、跨地区多专业协同设计，沟通方式为QQ、微信，管理平台为TOWER。

1 项目特点

（1）人员分散。从组委会到设计师，所有成员分属全国不同工作单位，互不认识，本次大赛全部利用业余时间完成。

（2）BIM技术应用。采用国内最先进的多专业三维协同设计模式，全面超越二维图纸设计时代。

（3）远程协同设计。未来全球化的设计模式，各专业通过远程协同技术，分别完成各自专业设计，实时了解其他专业进展及设计变化，及时作出调整，设计正确率及效率远超二维时代，是突破性的尝试。

（4）协同平台多样性。沟通平台为QQ、微信，管理平台为TOWER，协同平台为共享文件及远程服务器等。

2 设计理念

2.1 景观设计

项目拟定的景观主题为"生机"，景观场地充分考虑现有场地与地形，在厕所前考虑设计小型生态湿地，使人工与自然完美融合（图1、图2）。在湿地上架空悬一个空中栈道，游人在湿地上空穿越，体验生态自然湿地的功能不仅是塑造一个景观，同时也可以使山上雨水汇集到湿地之中，形成一个良好的小型生态循环（图3）。

栈桥一方面方便游人的通行，同时也减少人工建设对自然的生物迁徙的景观廊道阻碍。湿地旁设一两处扁舟停靠，既可作为游人服务设施，也可作为游人临时休息场所。在夜晚时，湿地近周可考虑设置LED光斑，满面湖光荧光闪闪，与满天繁星交互呼应。周围山体需要做护坡与阶梯挡墙，并加强覆盖植被，做好水土保持与雨水截流，防止雨水冲刷。基地以3条快速路和3条主干道为"硬轴"；在此基础上，通过若干条南北走向的"软轴"，即景观绿化带将南部山地沿水渠与整个基地连接起来，最终形成一个以道路为基础，串联起若干不同色调的区域。工业区：冷色调，白色、灰色等体现整洁有序，点缀少量暖色。城市生活区：色彩较为丰富。商业商务区：不同色彩的金属及玻璃。住宅区：明度较低的暖色为主。本方案利用青岛特有的自然环境特征，即天然岩石作为概念主题。这些植根于绿色植被中，常年经受风力和水流侵蚀的岩石，从崂山山顶一直延续到海岸边。设计将这一独特而又具体的形象转化演绎为该旅游公厕的设计概念。公厕如一块"折板"平铺在岸边，释放空间，减少建筑对园区环境带来的压力，同时最大限度地争取主要景观面可视界面的面积，积极参与园区生态系统与公共环境的建构。

2.2 建筑设计

在形态上，建筑以"水""船""石"作为原型，体量如同一块规整切割周边后的折板，轻盈而不失力量，整体含蓄大气；建筑充分尊重原有的生态环境，以"一块板""一片墙"的形态积极地融入环境之中；同时，"折"形的流线丰富了游客的行走体验与乐趣，建筑的功能与形式

图1 中德生态园旅游公厕景观设计（一）

图2 中德生态园旅游公厕景观设计（二）

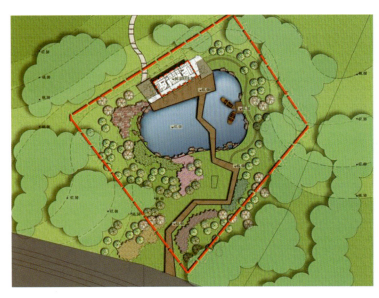

图3 中德生态园旅游公厕彩色总平面图

图4 中德生态园旅游公厕日景透视图

高度统一（图4）。同时，又借鉴了古典园林的构景方法——框景，通过不规则的开口与竖向隔断，控制光线的入射与赏景角度，增加了建筑的空间层次，形成多种空间体验；"折板"部分处理手法简洁流畅，以保证其外部形态的完整性；功能区外墙采用300mm×200mm的网格划分，局部点缀以绿色光电玻璃，有着"崂山绿石"的隐喻（图5）。

空间建筑力求模糊内外空间之间的界限，这一理念在建筑出入口到室内空间一直得以延续；屋顶在光伏太阳能板的安装位置作了局部降板，使得室内空间层次富有变化。

2.3 暖通设计

2.3.1 阳之道——足所需（系统设计）

本设计夏天采用风机盘管系统，由于设置排风系统，室内为负压，新风采用门洞开启的补风风量，由于厕所为较特殊的建筑，小便及大便区域有异味，借用手术室的设计理念，分为洁净区与污染区，小便、大便等污染区设置排风，使其为微负压，风机盘管的风口设置于洗手区等无异味的区域，通过正负压的气流组织平衡室内的热舒适性。

冬季采暖采用低温辐射供暖，减少人体头足温差，达到更好的热舒适性能，同时较高的地板温度可以使卫生间常见的地面积水得以更快的蒸发，起到防滑的效果，避免危险的发生。

冬夏两季共用一台主机，主机为集成型风冷热泵机组，夏季的风机盘管系统以及冬季的低温辐射供暖系统靠主管上的阀门进行切换。

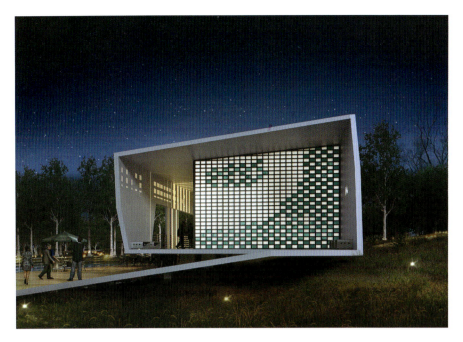

图5 中德生态园旅游公厕夜景透视图

2.3.2 阴之道——减所耗（节能环保措施）

冬夏两季共用一台主机，主机同时包含水泵，集成度高，减少了占地要求，较高的COP使其满足室内冷热负荷的同时节省了更多的电能。由于主机是压缩机变容调节，无电磁干扰、辐射问题，室外机室内机近距离安装，避免主管不必要的热损失。室内冷媒为水，无氢氯氟烃制冷剂泄漏的可能性，避免了臭氧层受到破坏。采用低静压的设备，减少了噪声污染，营造更佳的室内外声环境。

2.4 绿色节能设计

本方案考虑到在小系统内循环的闭环较难，因此遵循了循序用水的原则并合理地利用太阳能。根据水质需求的不同，分层级用水，使水得到最充分的利用，技术路线上主要考虑到以下5点。

2.4.1 水洁具

所有用水点均采用感应式控制出流，达到节水效果。马桶建议选用双孔超漩虹吸式马桶，其冲洗效果较好，节水显著。小便斗建议选用节水型站立式无水小便器。

2.4.2 雨水收集

雨水收集系统，是指雨水收集的整个过程，雨水收集主要包括4个主要方面：初期弃流—过滤—储存—回用。完成了这4个阶段，就是一个雨水收集的全过程，也就是雨水收集系统。

2.4.3 污废分流

污废分流一方面可以对水质较好的废水进行回用，提高水的利用率，另一方面可以减少污水处理量，降低处理成本。

2.4.4 污水处理与中水回用

采用地埋式一体化污水处理设备，采用先进的膜生物处理技术（MBR），该工艺技术特别适用于有机物浓度高、处理要求高的食品、有机化工、医药及畜牧等行业的废水处理以及中水回用处理。

2.4.5 光电玻璃与光伏太阳能板

本案使用光电玻璃幕墙为建筑外墙覆上一层"科技面纱"。光电玻璃幕墙是利用光电效应原理，集成了光电池、LED玻璃技术，可将太阳能转化为电能，并具有良好装修效果的一种玻璃幕墙。它可以利用太阳能发电，减少能耗和碳排放，保护环境；同时它集成的LED玻璃发光效率高，色彩变化多，具有照明、装饰、广告等功能。

屋面的光伏太阳能板和光电玻璃幕墙共同组成光伏发电系统。而光伏发电系统和市政供电将作为该建筑的2个电源，引至管理间的双电源自切配电箱，供整个建筑使用。光伏系统作为主用电源，市政供电作为备用电源，当光伏系统供电功率过低或者出现故障时，切换至市政供电。

3 项目落地

在旅游厕所大赛结束以后，旅游舆情智库和宜居中国联盟仍然在继续推进获奖项目的落地，已经完成了与安徽万佛湖等多个景区的初步对接工作。

万佛湖目前正在做4A到5A景区的提升，目前首先就是从景区厕所改建、新建入手。整个湖畔景区和湖内9个岛屿，都面临规划设计升级的需要。智库和联盟作为整体解决方案的咨询和提供方，参与到项目中来，已经作了第一次实地考察，并已和当地召开了座谈会，景区的立项汇报、审批等流程也在进行中。

废弃水泥管道厕所效果图

旅游厕所的多适应性：
规划与设计实践
Multi-adaptability of Tourist Toilet:
Planning and Design Practice

张金山　王　伟　　北京市旅游厕所改造与提升

王文娇　徐晓东　　自然保护区风景旅游厕所设计思考——以环长白山慢行绿道风景旅游厕所设计方案为例

　　　　孙　晨　　新型旅游风景厕所设计的实践研究

　　　　苏少敏　　旅游度假区"厕所革命"的实践思考——以东钱湖国家级旅游度假区为例

图片来源：北京大地风景旅游景观规划设计有限公司提供

北京市旅游厕所改造与提升

The Upgrading and Enhancement of Tourist Toilet in Beijing

文 / 张金山　王　伟

【摘　要】

旅游厕所长期以来关系游客满意度和游览质量。为积极响应"厕所革命"的号召，北京在旅游厕所改造建设方面已经开展了大量工作，为使旅游厕所建设进一步推进，本文在对北京旅游厕所发展现状进行调研和总结的基础上，提出了下一步改造提升的思路、原则、目标以及重点工作，同时为保障旅游厕所改扩建的有序开展，提出了相应的保障措施及建议。

【关键词】

旅游厕所；提升改造；北京

【作者简介】

张金山　北京联合大学旅游学院/旅游发展研究院旅游产业经济研究所所长

王　伟　北京市旅游发展委员会旅游环境与公共服务处副处长

注：本文图片除特殊标注外均由张金山提供。
说明：特此鸣谢北京市旅游发展委员会旅游环境与公共服务处给予的大力支持。

图1 北京旅游厕所　　　　　　　　　　　　　　　　　　　　图片来源：《中国旅游报》提供

多年来，北京市旅游发展委员会高度重视旅游厕所的建设及改造提升工作，通过实施旅游厕所改造工作，完善旅游公共服务设施，提升北京旅游形象以及提高游客满意度（图1、图2）。2001年，北京市旅游发展委员会编制出台了全国第一个旅游厕所建设标准。参与了国家质检总局、国家旅游局等部门牵头的《旅游厕所质量等级的划分与评定》（GB/T 18973—2003）的起草工作，并依据标准将747座旅游景区厕所改造升级为旅游星级厕所，在全国旅游厕所建设方面发挥了引领性的作用。2011~2014年，将A级旅游景区及民俗村厕所改造项目列为北京市政府为群众办实事项目和旅游公共服务设施改造建设项目。

全市旅游景区、乡村旅游共改建厕所515座，平均每年改造升级108座，通过市财政支持改造的占需要改造总量的74%。景区、民俗村自筹资金改造占改造总量的26%。改造完成后的旅游厕所建筑材料更加环保，卫生洁具基本达标；使用空间明显改善，女厕面积比例普遍提高，有33%的旅游厕所的男女厕位比例达到了2:3的旅游厕所星级评定标准；有63%的达到男女厕位比例1:1的标准；有13%的达到坐蹲位比例1:1的标准；有22%的达到坐蹲位比例2:3的标准；有76%的厕所设置有老年人（或老年人、残疾人兼用）厕位；有5%的厕所设置有母婴室和儿童便池。尽管如此，尚不能满足每年200~300座旅游厕所的改造升级需求。响应国家旅游局实施"旅游厕所革命"的号召，为了进一步加强北京旅游环境建设，提升北京旅游的舒适度、美誉度和游客满意度，有效解决旅游厕所领域存在的不完善的环节和死角问题，有必要进一步加强旅游厕所的改造提升工作。

1 北京旅游厕所现状

1.1 现有旅游厕所的数量及布局

截至目前，全市817个旅游业态单位（A级旅游景区212个，民俗旅游村227个，乡村旅游新业态378个），共有各类旅游厕所2438座。其中城六区839座（景区658座，民俗村121座，其他60座），占到旅游厕所总数的34.4%，郊区县1599座（景区633座，民俗村966座），占到总数的65.6%。

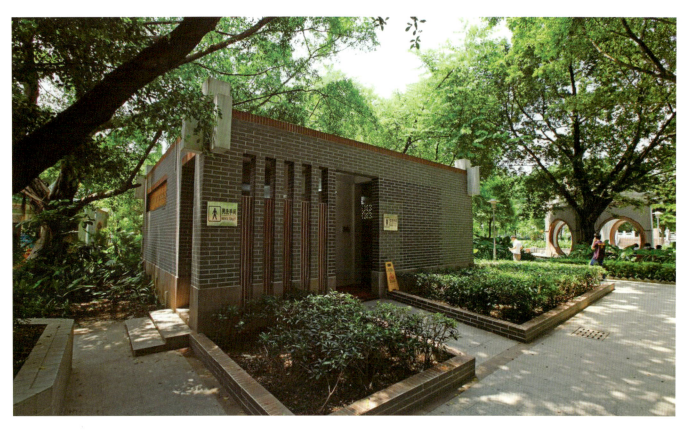

图2 北京旅游厕所外观

图3 厕所内母婴室与儿童便池

1.2 现有旅游厕所类别及功能

根据2005年12月1日国家建设部批准施行的《城市公共厕所设计标准》（CJJ 14—2005），划分为固定式公共厕所和活动式公共厕所。

现有固定式公共旅游厕所2083座，这些固定式厕所一般具有蹲（坐）厕位、小便池、无障碍厕位、老年人厕位、母婴卫生间、婴儿卫生台、儿童小便池、呼叫响应器、无障碍坡道、盲道、游客休息区、供暖设备、制冷设备、防蝇设备、通风设备等设施（设备）及功能（图3~图5）。现有活动式公共厕所209座，采用药物降解和打包分离技术，一般包括蹲（坐）厕位、小便池、通风设备、管理间等设施（设备）及功能。现有旱厕146座，只具备蹲厕位、小便池等基本设施。

1.3 现有旅游厕所数量及质量

全市旅游厕位总量与日均客流量总比例为14.62‰，总体超过国家旅游景区质量等级划分与评定标准的最高要求（5‰）10个千分点。城六区旅游厕位总量与区域日均客流量总比例为5.16‰，达到国标最高要求。郊区县旅游厕位总量与日均客流量总比例为66.46‰，超过国标最高要求61个千分点。城六区现有旱厕6座，占区域旅游厕所总量的0.7%，郊区县现有旱厕140座，占区域旅游厕所总量的8.8%。旱厕主要分布在市政管网较难配套的郊区县。

1.4 旅游厕所存在的主要问题

1.4.1 总体分布不平衡

全市旅游厕所总体供给量已超过国家标准，总体来看已经能够满足来京游客的如厕需求，但总体不平衡现象明显，城六区刚刚达到国家旅游景区质量等级划分与评定标准的最高要求，城六区旅游厕所供给比例远远低于郊区。

1.4.2 部分热点景区旅游厕所供给量不足

城六区部分热点景区旅游厕所供给量尚未达到国家最高标准，故宫、天坛公园、奥林匹克公园、什刹海、元大都、日坛公园、玉渊潭公园、紫竹院公园、北海公园、陶然亭、八大处、龙潭公园、抗日战争纪念馆等景区厕位总量与日均游客量比例在2.3‰~4.9‰，低于全市景区平均水平10~13个千分点。

1.4.3 部分旅游厕所尚未纳入旅游标准化管理

目前，依据《旅游厕所星级评定标准》（GB/T 18973—2003）已经评定的国家星级标准厕所747座，占到旅游厕所总数的30.6%，非星级厕所1691座，占到总数的69.4%。

1.4.4 部分热点旅游景区存在高峰期排队现象

部分热点景区由于以往建设的厕所男厕位多于女厕位，受古建、山地等不利条件限制，厕所总量供给不足，或分布不合理，造成游客如厕集中和长时间排队等候的问题。

1.4.5 部分旅游厕所辅助设备设置不到位

部分旅游厕所厕位隔板、管理间、梳妆镜、墩布池、挂钩、通风除臭设备等辅助设施设备存在设置缺失的现象和问题。

1.4.6 偏远山区景区存在旅游厕所设置缺位问题

山区景区面积大、游览路线长、游客量相对少，存在按厕所总体设置达标与区域设置不足的矛盾，同时，受地形和供水供电条件限制，设置成本较高，造成设置间隔过大，游客如厕不便的问题。

1.4.7 旱厕尚未彻底消除

当前还存在旱厕146座，占旅游厕所总数的6.0%，其中城六区有6座，此现状与国际一流旅游城市的形象极不称，亟须进行改造升级。

图4 北京旅游厕所内景

图5 残疾人与母婴卫生间

图6 慕田峪长城卫生间外观

2 旅游厕所改造提升的总体思路、原则

2.1 改造提升的总体思路

按照《中华人民共和国旅游法》《国民旅游休闲纲要》《中国旅游公共服务"十二五"专项规划》有关完善旅游公共服务设施的要求，针对旅游厕所存在的突出问题，通过设施改造和完善管理机制，增加旅游公共服务有效供给，不断提高旅游厕所的规范化管理与服务，提高旅游公共服务的质量和水平，不断提升北京城市美誉度和游客满意度。

2.2 改造提升的基本原则

2.2.1 游客为本、需求导向

旅游厕所的改造规模、内容和具体目标要以提升北京旅游美誉度和提高游客满意度为基本导向，保障旅游厕所的合理设置和有效供给，不断优化旅游厕所的布局和环境，满足游客日益增长的服务需求。

2.2.2 突出重点、满足急需

改造提升工作要以旅游功能区为重点，首先要解决全市旅游厕所运营管理存在的主要问题，各区县旅游委要明确各年度解决的主要问题，分期分批解决热点旅游景区旅游旺季游客如厕排队、等候时间过长，山区景区旅游厕所设置数量不足，旅游景区仍存在旱厕的问题，集中时间和财力加快改造提升。

2.2.3 整体优化、分步推进

实施改造提升工作要达到在旅游业态全覆盖，区县旅游委、各旅游企业要制订旅游厕所改造提升计划和措施，结合区域和企业发展建设，分阶段实施改造提升，通过3年时间基本实现全行业旅游厕所质量和服务整体优化。

2.2.4 因地制宜、分类指导

改造提升旅游厕所功能要区分街区、古建、山区、乡村等不同类型旅游接待单位的环境特点，针对市民、国内游客、入境游客以及特殊人群的不同需求，选择功能设置。

3 改造提升的总体目标及要求

3.1 总体目标

全市所有旅游景区厕所厕位设置数量与旺季日游客接待量的比例全部达到5‰以上。通过改造固定厕所和增加旅游高峰期可移动厕位总量等措施，提高城六区故宫等13个热点景区厕位总量与日均游客量的总比例。针对旅游旺季游客如厕排队等候时间过长的问题，合理设置活动式公共厕所，合理设置旅游厕所的第三卫生间。全市A级旅游景区全部消除旱厕。全市旅游厕所

图7 奥林匹克公园公共区卫生间保洁标准

统一编号建档，各旅游景区、民俗村和旅游经营场所需要按照统一的编号建档要求将已经建成的旅游厕所及新建旅游厕所报旅游主管部门。旅游厕所按国家旅游厕所标准设置定位和指引标识。建立健全旅游厕所资产管理制度，完善厕所改造建设立项、批复、政府资金支持、建成后监管等机制。

3.2 质量功能提升要求

屋顶、墙壁、门、窗、纱、油漆涂饰位置、地面蹲台、便器、座圈、盖板、隔断板、管理间、镜子、水嘴、洗手（盆）池、墩布池、挂衣钩、标识灯具、通风除臭设备等各种设施、设备齐全完好，保证能正常使用。

3.3 规范日常管理

3.3.1 建立健全管理机构和制度

健全管理主体组织管理机构：①各旅游业态单位需要有专门机构负责管理、检查旅游厕所管理服务工作；②制定年度旅游厕所管理服务计划，并组织实施。

健全管理主体各项制度（图7）：①具备管理规章、旅游厕所保洁作业流程、安全管理制度、设备管理制度（包括大、中、小修计划，大、中、小修记录，日常养护计划，日常养护记录，报修记录等）；②有监督检查和受理投诉机制；③旅游厕所维护保洁物资落实到位；④有停水、停电、紧急报修等方面的应急措施。

3.3.2 落实保洁人员服务管理及职责

保洁人员上岗做到服装整洁，佩戴服务卡。保洁人员加强巡视，确保旅游厕所设施完好、安全运行。文明作业，礼貌待客，照顾老、幼、病、残、孕等人员。旅游厕所每天消毒。及时补充卫生纸、皂液（香皂）。熟悉旅游厕所设备的使用和日常维护及保养，主动介绍旅游厕所设施的正确使用方法。按照旅游经营业态单位的开放时间开放旅游厕所，及时保洁、清理污物，达到无积尿、积水、积灰、结冰、杂物，废纸容器不溢满，无臭味，无尿碱污物，无乱写乱画，无蚊蝇，无乱堆物品，无暴露的保洁工具和废纸。旅游厕所主体结构损坏或管道堵塞等原因停止使用时，应公示停用期限，并采取设置活动厕所或指明就近厕所位置的临时性措施解决游客用厕。

4 保障条件及业绩考核

4.1 保障条件

根据《旅游法》的要求和有关标准要求，各区县政府应加强对旅游厕所的改造提升工作的领导，确保旅游厕所改造提升工作的有效实施。区县旅游主管部门在编制地区旅游发展"十三五"规划的过程中，应融入有关旅游厕所改造提升的内容。区县旅游主管部门在对辖区内旅游厕所进行调研摸底的基础上，针对旅游厕所存在的问题，制定各年度旅游厕所改造提升的工作计划。旅游企业对于旅游厕所的改造提升所需支持资金，应及时编制预算报区县旅游委，区县旅游主管部门应列支专项资金给予扶持。区县旅游主管部门需要加强对旅游厕所改造提升工作的领导，并根据改造提升的效果及时进行督导检查。

4.2 监督与绩效考核

各区县旅游委、景区管理机构负责辖区内的旅游厕所管理服务工作，并对旅游厕所的维护、保洁、服务工作进行监督检查。旅游厕所改造提升工作应纳入区县政府公共服务工作绩效考核范围。旅游厕所改造提升工作需要与景区A级评定、饭店星级评定及复核工作相挂钩。

自然保护区风景旅游厕所设计思考
——以环长白山慢行绿道风景旅游厕所设计方案为例

The Design Inspiration of Scenic Tourist Toilet in Natural Reserve: The Case of Changbai Mountain Greenway

文 / 王文娇　徐晓东

【摘　要】

我国自古以来在文化上对排泄的话题十分禁忌，这也使得自我国旅游业大发展以来，厕所的脏、乱、差、少等问题被我们忽略了。自2015年厕所革命的提出，我国开始重视风景旅游厕所在旅游业中的重要作用。风景旅游厕所不仅仅是一个建筑，更是一个景观构建物。本文通过对环长白山慢行绿道沿线风景旅游厕所设计方案的分析，从厕所形式、形态、材料、外观、功能空间方面讨论自然保护区中旅游厕所设计中应该注意的问题。完善补充国内关于旅游厕所的研究，为后人更为全面的研究奠定基础。

【关键词】

风景旅游厕所；景观构筑物；多功能设计；长白山；自然保护区

【作者简介】

王文娇　北京大地风景建筑设计有限公司文案策划
徐晓东　北京大地风景建筑设计有限公司项目经理，景观建筑师

注：本文图片均由作者提供。

1 引言

中国文化自古以来便是重"入"轻"出",谈"厕"变色,故而厕所问题在以往的岁月中实在难登大雅之堂。由于文化上对于排泄的禁忌,厕所问题就被我们轻而易举忽略掉了。[1]改革开放以来厕所"脏、乱、差、少"的现实问题,已然成为制约我国社会、经济良好发展的重要元素,旅游业更是深受影响。[2]20世纪80年代在中国旅游大发展时期,便有旅游者总结出中国旅游"如厕四防":带雨伞防雨,带手电防黑,戴口罩防臭,带胶靴防污;更有人说在中国旅游找厕所闻着味儿即可;这些幽默的语句从侧面反映出我国景区的厕所问题,也为我国旅游健康发展敲响了警钟。[3]进入21世纪"旅游世纪"之后,我国也高度重视了厕所问题,提出了厕所革命,2015年7月17日国家旅游局局长李金早提出开展厕所革命是国家旅游"515"战略的重要组成部分,也是社会经济发展的必然要求;企业关注、投身带动厕所革命,将进一步促进我国旅游业的发展和社会文明进步。[4]

风景旅游厕所是指在旅游者活动的区域所建设的,为旅游者提供服务的,并且本身为景观构筑的功能空间,主要分布于自然保护区、风景名胜区等各类旅游接待场所。[5]作为景区中很重要的组成部分,风景旅游厕所一直为游人提供单一的如厕服务,并且形式空间相对简单,成为景区规划设计中被忽略的设施。厕所虽小却与每个游人息息相关,是体现景区质量的窗口,亦显示出景区的文明卫生情况。[6]随着时代的进步,以前"躲进小楼成一统,管他春夏与秋冬"的简单单一的六面体建筑,逐渐得到了改善。[7]日本千叶县的透明公厕在形式和技术上都进行了创新,并通过设计来引导公众行为,运用最新的电解雾化玻璃,当人走进公厕,感应地板接通了电源,及时启动了电解雾化玻璃,人离开后恢复透明状态。而此时如果你不冲水收拾,就会被外面的人看到,这样就促使使用者自觉将厕所清理干净。一个挪威高山风景区也对景区公厕进行了创新,这个景区8个月都是冰雪覆盖,然而到夏季时又是人们登山的最佳选择,景区在一个停车场和休息区旁边修建了一个公厕。厕所的形状是为了在抗拒恶劣气候条件的时候更好地适应该地环境。木质核心以及混凝土保护外壳在获得最大太阳光的同时,更好地营造了一个隐私空间。在新的旅游业发展大环境下,国内外都在景区厕所设计上下足了工夫,本文将通过分析长白

图1 长白山自然保护风景区

山国家级自然保护区的风景旅游厕所设计，探究现行环境下自然保护区内的旅游厕所该如何设计。

2 研究区域

长白山，横亘在吉林省东南部中朝两国的国境线上，素有"千年积雪万年松，直上人间第一峰"的美称，是中华十大名山之一（图1）。长白山1980年加入联合国教科文组织国际"人与生物圈"保护区网，1986年建立长白山国家级自然保护区，是一个以森林生态系统为主要保护对象的自然保护区。作为东北旅游的龙头品牌之一，2013年接待游客人数已达到157万人次，随着交通环境的改善有望带动游客人数以10%~15%的速度增长。大量游客的到来，大大挑战景区的接待能力，而景区厕所的合理规划与设计不仅大大提升景区形象，改善保护区卫生状况，还可以合理分散客流，引导游人自由选择旅行线路。

3 案例分析

3.1 头道观景台设计方案

3.1.1 位置环境分析

该风景旅游厕所位于环长白山慢行绿道北部头道观景台旁边，该观景台为纯木构建；而选址基地的背后是一望无际的森林（图2）。

3.1.2 材料分析

通过对场地环境的分析，结合该区域景观特色，方案设计概念定为"木方"，以钢混结构建立一个极简的方形体，建筑立面外挂木格栅。为了营造自然感与环境的融入感，木格

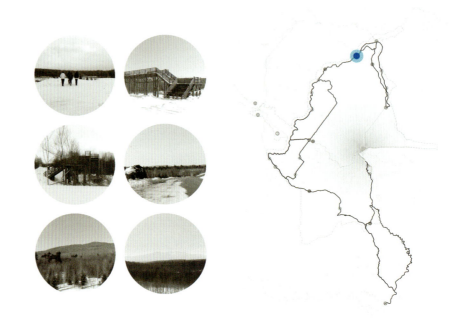

图2 头道景观台周边环境，其中蓝色标记为头道景观台位置

图3 头道景观台旅游厕所——外部

图4 头道景观台旅游厕所——内部

栅采用长短粗细不一的木条拼装，自然的肌理与光影效果使削弱的建筑的形体，从视觉和质感上与邻近的观景台、远处的森林保持一致（图3）。

3.1.3 设计解读

本方案采取木方设计概念，多种建筑材料的组合让人耳目一新。外挂的长短粗细不一的木条丰富了立面的肌理，在阳光下，木条的影子会映射在内层墙体中，从而在视觉上削弱了建筑的体量感，使得在观景台旁边的公厕不突兀，而是融入基地环境之中。男女厕所之间中庭廊道较为开阔，在面向森林的一面开出一个小而巧的观景平台，可以分散等候如厕抑或等人的游客的注意力，使得大俗之事有了大雅的气氛，窗景美学悄然而至（图4）。另外环长白山绿道作为骑行者的最佳选择，头道风景旅游厕所在其周围都架设了自行车架（图5），便于骑行者如厕抑或短暂休息，这个设计充满暖暖的人情味道。无性别厕所男女均可使用，儿童、残疾人、老人也可在异性家属陪同下使用，大大提高了资源的利用率，也是人性化的体现（图6）。

3.2 马鞍山观景台设计方案

3.2.1 位置环境分析

该场地北侧即为保护区内公路，南侧为自然旅游资源——大片森林，场地十分局促（图7）。

3.2.2 材料分析

由于选址场地紧邻公路以及观景区，故而要求整个建筑要尽量小且不扎眼。设计方选用了本地火山石、耐候钢板以及新型材料镜面不锈钢。本地石材的选用可以较好地与场地

图5 头道景观台旅游厕所——自行车车架

图6 头道景观台旅游厕所——东侧环境

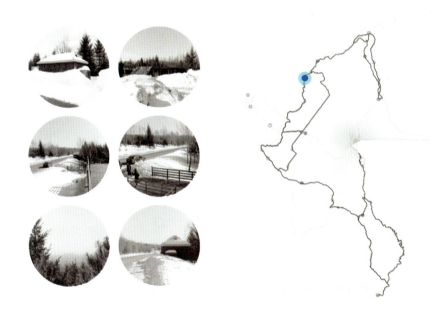

图7 马鞍山景观台周边环境，其中蓝色标记为马鞍山景观台位置

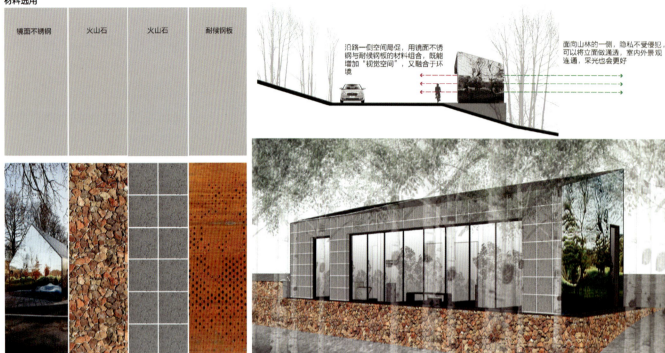

图8 马鞍山景观台旅游厕所材料及场地分析

地面肌理融合；耐候钢板的锈迹特点增加了"自然"、复古的感觉，让人觉得这个建筑体并不是新的，似乎很久之前就存在于这里，这个建筑是这方天地中原有的元素；镜面不锈钢的使用巧妙地利用了视觉特点，使建筑消隐于无尽的森林之中（图8）。

3.2.3 设计解读

紧邻公路的一侧空间十分局促，镜面不锈钢与耐候钢板材料的组合，巧妙地利用了人的视觉特点，实现"隐身"，这样从远处途经此处而不作停留的游客很容易"看不到"厕所，从而解决了建筑体会突兀的问题，同时使得在此停留作休整的游客从视觉上觉得此建筑很小，削弱了建筑的体量感（图9~图11）。而面向森林的一面作了更为大胆的设计，整个里面较为通透，在保证隐私不受侵犯的同时，

图9 马鞍山景观台旅游厕所外观1

图10 马鞍山景观台旅游厕所外观2

图11 马鞍山景观台旅游厕所立面解析

图12 小沙河景观台周边环境，其中蓝色标记为小沙河景观台位置

连通了室内外景观，同时整个空间更为明亮。如厕也就成了一件享受的事情。

3.3 小沙河观景台设计方案

3.3.1 位置与环境分析

选址场地位于观景地带与公路较差地带，场地较为开阔，在设计时依然注意体量不宜太大，注意融于自然环境（图12）。

3.3.2 材料分析

在材料的选取上仍然选择与森林有同等质感的木方，以及较为轻盈的波形板，而后在这个厕所的设计中增加了长白山的文化符号——萨满文化涂鸦。

3.3.3 设计解读

在建筑单体的设计上并没有什么特殊点，整个建筑为一个简单的长方体，通过低度架高使其脱离基底地面，并形成一个休息平台。而萨满文化涂鸦的加入丰富了整个环长白山慢行绿道的厕所外观，在视觉体验上更为多元化，同时也和长白山文化有了较协调的融合，以一种轻松愉悦的方式宣传了长白山的萨满文化（图13）。

图13 小沙河景观台旅游厕所——外观

3.4 环长白山慢行绿道金水鹤北侧风景旅游厕所设计方案

3.4.1 位置与环境分析

选址场地位于美人松公园的松树林之中，这使得尽量减少对树木生长的侵害以及尽量选择树木稀疏场地成为首要考虑的问题（图14）。

3.4.2 材料分析

建筑材料选取当地的火山岩材料，以及与树林契合的木板，这样的组织均是出于更好地使建筑体融于松树林的自然景观之中，在色彩上与地面、树干都保持一致。

3.4.3 设计解读

建筑的设计理念是"化整为零"，将单个厕所空间从室内移到室外，以点成片，改变了以往景区公厕为一个单体建筑的情况，在布局上更为活泼（图15）。选择这样点状布局方式亦是考虑到最少地砍伐树木，最大地保护松树林。故而原本是纯属满足服务功能的厕所俨然转变成为充满趣味的景观小品（图16、图17）。人工架设的一条林间木栈道将厕所单体串联起来，同时蜿蜒的小路引导人们找到公厕，也有效地减少了人流对松树林土壤的侵害。

图14 金水鹤北侧旅游厕所周边环境

图15 金水鹤北侧旅游厕所——俯视图

自然保护区风景旅游厕所设计思考——以环长白山慢行绿道风景旅游厕所设计方案为例

图16 金水鹤北侧旅游厕所——整体外观

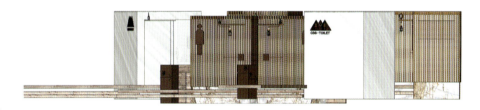

图17 金水鹤北侧旅游厕所——外观

图18 南出口旅游厕所周边环境

3.5 南出口设计方案

3.5.1 位置与环境分析

选址场地位于一个过渡地带，景区向生活区的一个过渡，这里也是人们在景区的最后一次停留休憩的区域。相对前几个厕所设计这里并不是需要过分考虑融于森林植被这种自然景观之中，更多的是为游人画上一个游览体验的完美句号（图18）。

3.5.2 材料分析

在材料的选取上也更为自由，

图19 南出口旅游厕所外观

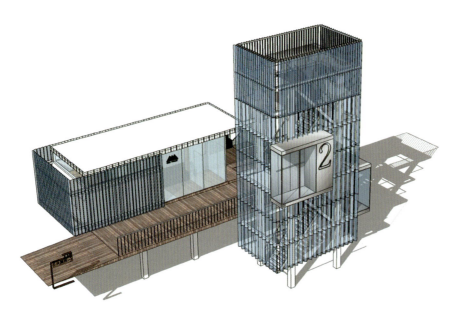

图20 南出口旅游厕所外部结构

图21 南出口旅游厕所内部结构

选用了木材、钢材以及蓝色玻璃饰板。以钢结构构建厕所的基本框架，木材铺设地板，蓝色玻璃饰板装饰建筑的外立面（图19）。

3.5.3 设计解读

该方案结合地势设计了以立体景观为主题的风景旅游厕所，丰富了如厕体验，除了加强了厕所服务功能外，一个升高的平台为等候和休憩的游人提供了一次离开景区最后一次远眺长白山美景的机会。蓝色玻璃装饰板的使用一来是与南出口处的蓝丝带桥在颜色体系上保持一致，二来是营造出一种现代简洁明快的气氛（图20~图22）。

4 结论

4.1 风景旅游厕所要易识别、易进入

这句话看似是句废话，但在旅游景区厕所设计之中是重中之重，亦是最容易失衡的一个问题。身处风光秀美的长白山深山之中，满目郁郁葱葱，人们的视觉不光要将这些美尽收眼底，还需要在想要如厕之时能够方便迅速地找到厕所的位置。这就需要景区厕所具有易识别性，当然这种易识别并不是明晃晃地出现在观光区域之中，要在易识别和不突兀中找到平衡。不能因为过分考虑不破坏景点的美感而把厕所建在十分偏僻的地方，兜兜转转也没发现这个厕所就失去了景区建厕所的初衷；亦不可在过分追求大雅的设计时，为厕所披上不易识别的外衣，让游人经过此处而不觉这里就是他们在寻找的厕所。故而对于厕所而言，具有美感必不可少，合理

的步行道路系统规划亦十分重要。

4.2 自然保护区内风景旅游厕所应有更全面的服务功能

由于旅游厕所身处为游人提供旅游服务的景区，它从建立之初除了满足人们排泄需求的功能外，还是人们中途休整轻松的场所。旅游厕所在规划设计中要充分考虑男女厕所比例，亦要在最小面积上满足老人、婴儿、残疾人等不同群体的需求。环长白山慢行绿道沿线旅游厕所在分析人流量的前提下合理配置男女厕所比例，并相应加设无性别公厕提高资源使用效率。同时在人流量大、规划面积较大的公厕中增设可供人们化妆、换衣、换尿布的空间。自然保护区面积大，内部的游客服务中心相较于其他景区密度较小，有时候游人所在地点距离景区游客信息中心较远，这时候在公厕外可以合理加设旅游信息功能服务设施，相应地加设休息空间，在更好地为游客服务的同时，也可以减少保护区内的人工建筑，最小限度破坏保护区景观的完整性。

4.3 自然保护区中的风景旅游厕所不仅仅是一个建筑，更是一个景观构筑物

身处自然保护区中的旅游厕所是被自然景观包围的，景区中的人造景观相较于其他景区更少，这对于融于环境这一目标要求更多。就环长白山慢行绿道沿线的风景旅游厕所而言，它们均不局限于以往传统单一六面体的建筑形式，在材料的选择上更具科技性、环保性，外观装饰上也更多地体现长白山的历史、文

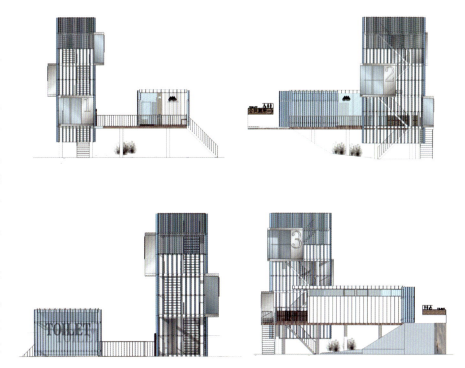

图22 南出口旅游厕所立面

化特点。更加贴合环境的设计和用料削弱厕所的体量感，它们的出现不再突兀，并与周边的景观融为一体。在满足服务功能的同时增加了观景功能，将微小的观景平台融入一个厕所建筑体中，使人们休憩等候的时间更为充实愉悦。另外倘若把旅游厕所简单地当作一个建筑小品来看，独具设计感的建筑已然是这个区域的风景。故而在保护区内的风景旅游厕所在与周围景观契合的同时，自己本身也成了一道亮丽的风景线。为它留影，在此拍照，已成为风景旅游厕所的一个发展趋势。

5 讨论

本文通过对环长白山慢行绿道风景旅游公厕设计的分析，进一步探讨了在自然保护区中风景旅游厕所设计的要点。文中只是从厕所的形式、形态、材料外观、功能空间几方面进行了分析，然而关于旅游厕所建筑设计的研究与思考远远多于上述分析。在今后的研究中会更多从技术角度、设备角度以及经济角度进行分析。

注释

① 冯肃伟,章益国,张东苏.厕所文化漫论[M].上海：同济大学出版社,2005.
② 李琦.杭州市西湖风景名胜区旅游厕所规划设计研究[D].浙江：浙江大学,2010.
③ 倪玉湛.云南旅游厕所设计——策略与方法研究[D].云南：昆明理工大学,2006.
④ 李金早.全社会行动起来,积极投身厕所革命[EB/OL].2015-7-17.http://www.cnta.gov.cn.
⑤ 李巧义.关于国内旅游厕所研究综述[J].旅游纵览（下半月）,2013,12
⑥ 但新球.森林公园旅游厕所的规划与设计[J].中南林业调查规划,2005,24(4).
⑦ 吴斌.风景名胜区公共厕所设计与研究[D].南昌：南昌大学,2007.

新型旅游风景厕所设计的实践研究
The Practice of New Style Scenic Tourist Toilet Design

文 / 孙 晨

【摘 要】

在我国旅游业不断深化发展的大趋势下,旅游厕所成了优化景区服务、提升游客体验的重要公共服务设施。然而,在原有粗放式景区开发体系下,旅游厕所的规划建设、建筑设计一直处于边缘地位,特别是旅游活动厕所。面临游客日益多元和高品位的旅游需求,旅游厕所设计与建设滞后所带来的一系列问题逐渐暴露。2015年,一场自上而下的"厕所革命"席卷全国,为旅游风景厕所及活动型旅游厕所的发展带来新的契机。本文综合分析了与景区厕所相关的环境保护、健康卫生、特殊人群、规划设计、工程技术、可持续发展等相关问题,力求打造功能完善,与地方文化相呼应,与景区风景相补充的现代风景厕所活动型建筑实践样板。

【关键词】

旅游风景厕所;移动型厕所;生态材料;厕所革命

【作者简介】

孙 晨 北京大地风景旅游景观规划设计有限公司院长助理

注:**本文图片均由作者提供。**

1 旅游风景厕所建设现状

1.1 旅游厕所发展滞后于景区发展

旅游风景厕所指旅游景区景点、旅游线路沿线、交通集散点、乡村旅游点、旅游餐馆、旅游娱乐场所、休闲步行街区及其他旅游接待场所的公共厕所。在一定程度上反映了所处景区的地域特征、文化特色、历史传统，是景区必不可少的服务设施。

自20世纪90年代以来，在经济的高速增长下，我国旅游业步入发展的快车道，到2014年我国国内旅游市场游客突破36亿人次，全年旅游总收入3.25万亿元。[1]在庞大的市场驱动下全国景区建设如火如荼。近年来，随着我国社会生产方式和结构所发生的一系列变化，旅游业对内跃升为驱动地方经济发展的重要动力，对外升级为展示中国文化魅力的重要窗口。

然而，与我国旅游业的蓬勃发展相比，我国景区厕所的建设则相对滞后，景区厕所在设计、建设、管理等方面存在诸多漏洞，景区厕所数量不足，布局不合理，功能不完善，卫生状况差，男女厕位比例不协调，厕所设计与景区文化不协调等问题也十分突出。数据显示，国内旅游游客每年如厕次数超过270亿次，当前景区公厕的"满意"度仅达10%[2]。从微观层面来看，厕所是评价一个景区服务水平，提升游客满意度的重要指标；从宏观层面来看，厕所则是撬动一个地区、一个国家旅游形象升级的重要杠杆。在我国进一步融入世界旅游市场大格局的进程中，良好的国际旅游形象的打造正需要从景区厕所优化这样的行动做起。

1.2 旅游厕所功能多样化需求

随着时代发展，游客在旅游体验中的需求也在日趋多样化，传统的旅游卫生间在功能使用上已经落后于发达国家建设。从人性化角度出发，我国旅游厕所建设在具有独特外观和基本功能的基础上，应结合使用者的类型、年龄、性别、活动习惯等进行全面考虑，融入更便利、更符合现代人群的延展功能。主要有以下五大功能：

1.2.1 展示功能

厕所设置旅游区项目介绍、展示，使游客时刻了解景区的文化、历史等信息。

1.2.2 信息发布

结合旅游厕所的建筑景观形式，将景区的天气、游客分布、景点票价、交通状况等旅游信息及时告知游客。

1.2.3 休息功能

厕所是休息场所，缓解景区停留节点人流压力，也可成为育婴和照顾小孩的场所。

1.2.4 休闲功能

厕所除了如厕外，也可根据景区主题，添加具有参与性的内容，例如儿童滑梯与厕所结合设计，缓解父母群体压力。增加便捷功能，如饮用水池、租赁雨伞、拐杖等。

1.2.5 景观功能

欧美的机场、景区的公共厕所，不仅干净，而且墙上还挂着别致的工艺品，洗手池边还放着插着鲜花、绿叶的花瓶。厕所外观结合景区主题、文化、氛围等要素综合考虑，摆脱厕所千篇一律的外观，去同质化，设计为景区一道靓丽风景。

2 旅游风景厕所的设计理念

2.1 提倡节能环保

在旅游风景厕所设计中应当结合创意、生态、节能、环保等功能进行设计与创新。旅游风景厕所应美观实用，功能空间利用高效合理，使用节能环保型建筑材料和高新冲厕化污新技术，确保其可持续性利用。

2.2 运用生态新材料

旅游风景厕所设计不仅在外观上要求新颖独特，在施工工艺要求上也应当独树一帜。在建设中可更多地运用到生态木、竹钢、清水/彩色混凝土、防腐木、玻璃钢、水泥、钢化玻璃等新型生态材料。为体现独特性和景观性，还可加入其他置景材料，如毛石、干草、复合仿生材料等。

2.3 功能设置人性化

旅游风景厕所应当包括无性别第三卫生间、母婴室、无障碍设施、男女通用厕间、标识及导向系统，背景音乐设备能正常播放。根据需要还应适当提供其他辅助型服务设施，如物品售卖服务、物品寄存服务、手机充电站、电子信息屏，轮椅、婴儿车、雨具、拐杖的租借等。

2.4 融入自然人文环境

旅游风景厕所建筑形体色彩外观应与周边环境相协调，基地选择宜在安全地形区域，确保周围环境的卫生安全。根据当地气候特征设计选材，重视防潮、日照、采光、通风、

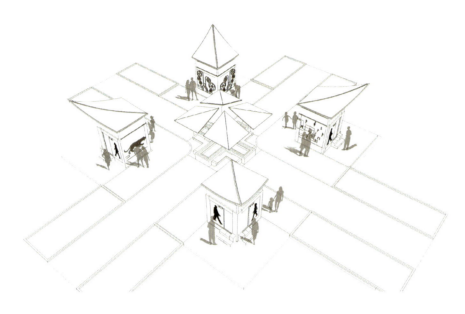

图1 生态魔方厕所三视图

图2 生态魔方厕所效果图

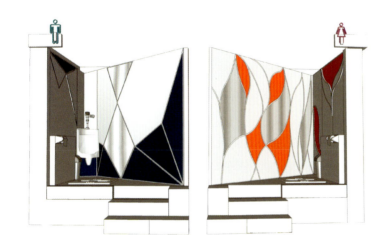

图3 生态魔方厕所内装

防腐、防水、易清洁材料等设计要点，对周边环境绿化、美化，完善室外环境设施。

3 新型旅游风景厕所的设计方案与生产实践现状

至"厕所革命"的号角吹响，大地风景旅游景观规划设计有限公司针对旅游风景厕所的设计与相关技术即展开了独立的研发与制造，以下介绍的是2种具备单独设计专利的新型旅游风景厕所研发成果。

3.1 移动型

生态魔方厕所——打破传统的移动厕所设计理念，融入节能、娱乐、雨水收集等综合功能。外部单体墙面配备洗手装置，拼板背后安装有水体过滤装置进行过滤净化。组合安装还可以设置单独的母婴卫生间和无障碍卫生间，方便特殊人群使用。架空的屋顶结构，用空心钢管支撑，可通过电动设备升降，减少季节性温差给内部空间带来的影响。遮阳拉模篷布为面，其结构不仅采光通风性好，且气流交错，成为天然空调。4个单体组合的内环空间中心是休憩区，顶部是折纸造型的张拉膜，除了让功能空间更有凝聚向心力，还为游客提供了一处舒适的休息等候区（图1~图3）。

3.2 土建型

彩色蘑菇儿童厕所——功能结构分上下2层：一层是成人和无障碍厕位，二层是儿童公厕。外围是活动空间，透过彩色玻璃外罩，让孩子们看到一个多彩的世界，可以选择楼梯和滑滑梯下楼。相信这能够成为小朋友们美好的记忆。在旅游景区内设置蘑菇形象的儿童公厕，增加了景区服务设施的趣味性与互动性，让孩子们更加享受旅游的乐趣（图4）。

3.3 设计生产实践

生态魔方活动型旅游风景厕所，在设计上融入观赏、休息、娱乐、造景以及新型免水冲厕和雾化节水净手技术。所以在生产过程中除了克服材料上与设计上的技术难题，外装包括夜间亮化也是本方案的技术难点之一，通过不同角度打孔和内部灯光测试，不仅解决了通风问题，还亮化厕所外部造景效果，能够简单快速地定位并识别卫生间。外部单体墙面配备大人及儿童两种尺寸的雾化洗手装置，拼板背后安装有水体过滤装置进行过滤净化。

传统的活动型厕所设计是不考虑内装设计的，生态魔方旅游风景厕所突破传统在内装上进行了使用者性别（男女）差异化独立设计。内饰镜面造型除了考虑美观装饰，在实用方面也为私人整理妆容提供了便利。底座设备由北京蓝洁士科技发展有限公司研发先进的冲洗厕具系统，便于快速安装与拆卸。尤其适用于特殊或生态环境脆弱的景区在断水断电的环境下使用。除此之外，本方案制作中选材考虑地域化气候特征，针对不同气候区域调整关键性适用材料，由秦皇岛耀华新材料有限公司运用先进的材料工艺把新型环保材料优化运用到产品中，发挥材料的防腐、耐潮、防虫特性，有效提高活动型旅游风景厕所的使用寿命。

图4 彩色蘑菇儿童厕所效果图

4 总结

今后景区等级评定与厕所星级等指标挂钩，该规定的实施从根本上强化了旅游厕所在景区发展中的地位和作用。厕所革命拉开了我国旅游业从粗放式经营向提质增效转型发展的第一步，在未来的发展中将必然会在政府、景区经营者、社会参与者的多方努力下进入不断优化发展的进程中去。可以预见，未来的旅游业将会是一个更加多元、更加个性、更加融合的大市场，风景旅游厕所也不能再被视为独立于景区的个体进行设计建设，而应该更深地融入景区的发展体系中去，作为景区的有机构成部分进行创意化的包装与设计。突破原有发展理念，完善使用功能，创新建筑选材，融入地域文化，以标准为引领，以设计为导向，才能将旅游风景厕所革命进行到底。旅游风景厕所除了设计新颖，在管理上也应当更灵活与高效，"厕所革命"的实施除了加大各级政府公共服务资金的投入外，各景区还应根据自身发展阶段和财政状况，积极探索适合自身情况的管理和商业运营模式。

注释

① 2014年度中国旅游业分析报告
② 百度数据

旅游度假区"厕所革命"的实践思考
——以东钱湖国家级旅游度假区为例

Tourist Toilet Revolution in Resorts: The Case of Dongqian Lake Tourist Area

文 / 苏少敏

【摘 要】

在"厕所革命"的背景下,东钱湖国家级旅游度假区正在进行新一轮的旅游厕所建设管理的实践。我们认识到,"厕所革命"对我国旅游发展具有全局影响和战略意义。从总体上,要从理念认知、规划发展、建设计划和管理创新等方面整体把握和创新发展。在具体实践方面,东钱湖旅游度假区的"厕所革命"是按照"系统化、制度化"的思路,以目标定位、建设重点、要素保障和管理机制为主要内容;运用GIS等规划手段,研究旅游度假区特性及相应的旅游厕所建设需求,以实现旅游厕所合理布局;制定改造提升方案,以三年行动计划的形式,推进旅游厕所具体项目的有序建设。

【关键词】

厕所革命;旅游度假区;厕所规划;管理创新

【作者简介】

苏少敏 宁波东钱湖旅游度假区管理委员

注:本文图片均由作者提供。

东钱湖旅游度假区（图1）自2001年设立以来，为适应休闲度假旅游发展的需要，已经实施了数轮的旅游厕所建设。目前东钱湖度假区在旅游景区、开放景区和游线沿线已建成了近50个旅游厕所，近期在建的还有6个。对照"国内一流、国际知名"旅游度假区的目标要求，旅游厕所改进提升的任务仍然艰巨。一是旅游厕所数量不够，布点有待优化。沿湖的开放区域和主要景区的服务范围内，仍有8个区块和路段没有覆盖。二是可达性、环境协调性有待提高。通过对20个重点旅游厕所进行调查，可达性良好为75%，中等为10%，欠佳的为15%；景区的旅游厕所与环境相对比较协调，开放区域的旅游厕所与周边环境的融合性不够。三是内部功能需要完善，等级结构需要合理。主要是无障碍设施建设的全覆盖、规范设计和标识系统的进一步完善；旅游度假区内的中高等级标准的旅游厕所要增加数量和比重，需要进一步提高文化品质、设计感和舒适性。四是管理维护需要软硬件并举。厕所的管理用房、服务设施用房的面积要配备增加。旅游厕所的维护管理不能停留于一般公共厕所的清洁水准，相关服务标准和管理规范要进一步完善与细化。

当前，国家旅游局正在大力推进"厕所革命"。东钱湖国家级旅游度假区更应积极响应，努力创新。我们着重在提升认知、规划研究、建设安排和制度创新方面进行了初步的思考与实践。

1 整体把握旅游度假区"厕所革命"

"厕所革命"具有的全局性影响、战略性意义，不仅仅看成为一项阶段性的重点工作或任务。着重分析把握其十分丰富的内涵要求，努力进行整体谋划和制度安排。

1.1 "系统化、制度化"思路

东钱湖旅游度假区"厕所革命"主要内容：一是目标定位。明确定性的工作目标，定量的规模指标，以及发展水平要求。二是建设重点。合理科学布局旅游厕所，确定建设的重点项目，编制好年度建设

图1 东钱湖国家级旅游度假区

图2 东钱湖旅游厕所提升改造布局图

图3 茶亭公厕现状及改造提升方案效果图

计划。三是要素保障。在资金安排、土地指标、设施配套、队伍建设、科技支撑和政策扶持等方面提供有力保障。四是管理机制。研究制定旅游厕所的规划、建设、管理的标准和管理办法,探索政府主导、企业主体的运营模式,跨部门的合作机制,长效化、日常化的管理机制,社会广泛参与的监督和评价机制。

1.2 结合旅游度假区实际进行探索创新

国家旅游局下发了《旅游厕所建设管理指南》《旅游厕所质量等级》的国家标准又明确了相关规范。以此为依据,结合东钱湖旅游度假区实践,我们重点在规划研究、建设方案和运营模式三大方面寻求创新,扎实地推进"厕所革命"。2015年5月份,我们会同宁波大学的研究机构开展了"东钱湖旅游度假区旅游厕所规划研究",6月份请建筑设计单位编制了《宁波东钱湖旅游度假区旅游公厕改造提升方案》,并对不同类型的旅游厕所的管理运行模式进行了分析研究。

2 深入开展度假区旅游厕所的规划研究

以往的旅游厕所规划大多是旅游景区规划中的旅游基础设施规划的一个小项,重要程度一般,技术手段传统。在"厕所革命"的新背景下,东钱湖旅游度假区在充分认识旅游厕所规划研究重要性的同时,着重强化了规划研究的探索创新。

2.1 旅游度假区的特性

旅游度假区不同于传统的观光旅游景区,一是空间范围广大,面

图4 自行车主题公厕现状及改造提升方案效果图

积一般都在数十平方公里。东钱湖国家旅游度假区的范围为40km²，行使管辖权的范围达145km²。二是产品业态多样。除了传统的观光、文化和主题娱乐之外，还有运动健身、休闲娱乐、康体疗养、夜间游娱产品等休闲度假产品体系，以及主题化、国际化的度假住宿接待体系等，形成多个功能区集聚布局。三是市场需求多元。要更多关注假日休闲、度假住宿群体，老年人、妇女、儿童、残疾人等人群的需求，以及运动休闲、自驾露营、节事赛事等群体的专业性或半专业性的要求。

2.2 度假区旅游厕所的特色要求

要从旅游度假区的实际出发，做好专业化策划和针对性建设。一是体现艺术性。要根据东钱湖的湖岸、湿地、山岙、村落、景区、山地等不同特点，创意打造一批赏心悦目的"文化厕所"。二是体现专业性，要适应东钱湖正在兴起的单车骑行、户外徒步拓展、帐篷房车露营、自驾旅游等休闲业态发展，加快配套建设一批特色鲜明的"主题厕所"。三是体现人文性，适应大众化休闲度假需求，尤其是为老人、残疾人、妇女、儿童等特定人群提供一批方便实用的"功能厕所"。

2.3 规划研究方法上的创新

在参照《旅游景区质量等级划分与评定》的相关标准，采用东钱湖智慧旅游的动态人口统计系统的数据的同时，重点引入地理信息系统（GIS）技术建立点数据集。GIS空间分析技术的运用，深化了对游客空间分布、建设用地条件、其他基础设施配套等条件的分析，使我们对旅游厕所的现状分析、合理性评介、未来需求预测能够更为全面科学；而且地理信息系统基础数据的不断积累与丰富，也为东钱湖旅游度假区旅游厕所下一步的分类管理、数字化管理、动态管理打下良好的基础。

3 启动旅游厕所改造提升项目工程

旅游厕所建设不能仅仅满足于用一般的年度性建设计划来安排落实，而要更多地具有三年行动计划的特点。因此，编制跨年度的建设方案是一个比较好的选择。2015年6月，我们开始编制《宁波东钱湖旅游度假区旅游公厕改造提升方案》，明确了近2年的改造提升和建设项目（图2）。

3.1 提升改造方案的作用

方案是推进"厕所革命"的重要环节，主要目的是体现规划要求，推动项目落地。把具体项目的空间布局位置、建设时间要求和相关要素保障在各个年度工作中加以明确，根据方案，东钱湖旅游度假区今明2年的旅游厕所改造提升的将有20多个，计划投资400多万元人民币。

3.2 改造提升的主要内容

一是提升现有的旅游厕所（图3、图4）。区内现有的旅游厕所，投用多年，设施陈旧、简陋，基础设施与外部环境都需要不同程度的改造，整体提升管理与服务水平。其中，若干区位重要，现有内部空间充足的，要尽可能地改建为高等级旅游厕所，近期将要改建提升的20来个旅游厕所中，按3A标准建设的就有8个。二是按照规划要求，新建一批高等级、特色化的旅游厕所。结合东钱湖的湖泊、湿地、山岙、山地、茶园、传统村落等自然人文资源，以及"四行"（骑行、舟行、步行、车

图5 纪家庄砖窑主题厕所效果图

行)运动休闲产品、露营地等新业态发展需求,目前正在策划建设6个旅游"设计厕所"。新建的旅游厕所采取湖畔砖窑(图5)、营地帐篷(图6)、村落合院等建筑形式,成为一道亮丽的风景线。

3.3 改造提升方案的要求

一个方案好不好,主要是看它能否达到"满足标准、超越标准"的工作要求。首先要符合标准。按照旅游厕所的等级标准进行逐项对比、逐个分析,提出存在问题,设计平面图,确定整改内容。其次是要超越标准。要进行独特创意设计,融入地域文化,体现度假主题,反映科技生态。对于一些重要节点区块的旅游厕所,还增加了周边配套设施的相关建议,如购物设施、夜间灯光、城市家具小品等。最终目标是要在东钱湖区域形成一个体现湖岸风光、湿地生态、运动休闲、乡村野趣等主题，类型多样、形状丰富、功能完备、布局合理的旅游厕所群。

4 创新旅游厕所的管理与运营模式

"三分建设，七分管理"。建好一个厕所不容易，长久地管理好、运营好厕所则更不易。

图6 水上露营地帐篷厕所

4.1 构建管理机制

一是建立组织领导机制。明确旅游、规划、国土、交通、城管等部门和乡镇政府、社区组织的职责，建立起一个各部门联动，有权威性，可进行综合决策协调的组织领导机制。二是形成一个由整体规划、三年行动计划和年度建设计划构成的规划管理体系。围绕工作目标，结合重点工作，分阶段、有步骤地组织实施。三是出台建设管理办法。纳入政府目标考核，实施"一票否决"制，建立目标考核和责任督查体系。四是制定管理标准。制定《旅游度假区厕所卫生间设计标准导则》《旅游度假区厕所保洁与服务规范》等标准，形成有特色的厕所建设、管理及服务的标准化体系。

4.2 完善运营模式

要实行分类管理、因地制宜、社会参与，继续完善和探索不同形式的运营管理模式。一是旅游景区类的厕所管理。旅游景区厕所采取"景区化"管理模式，主要是按照等级景区评定标准，落实景区经营管理者的责任，严格执行相关管理及服务标准，建设并维护好景区旅游公厕。二是开放式景区类的厕所管理。面对着量多面广的开放性公共区域，东钱湖旅游度假区探索"区片式""驻点式"的管理模式，将旅游度假区分成几个区片，分别成立由相关管理部门组成的驻点式综合性管理机构，并通过向社会购买服务的方式对旅游厕所进行标准化、优质化的物业管理服务。三是市场化的运营管理模式。从东钱湖旅游度假区看，一个途径是：结合度假区相关区域的业态布局和小型商业设施的建设，相应配套建设旅游厕所，整合旅、商、厕资源，实行"以商养厕"。另一个途径是，充分发挥单车驿站系统的短时休整、补充能量、修理配备等功能，利用各个驿站的卫生设施为运动休闲人群提供一个特色化的如厕服务。

4.3 运用现代科技

坚持"低碳、生态、环保"理念，积极采用新技术、新材料，推进信息化管理。建设利用太阳能供电、直接取用湖水供水的"低碳厕所""环保厕所"；结合湖泊湿地的保护，建设利用一级生化处理、二级湿地深度处理的"生态厕所"。推进智慧旅游厕所工程，将厕所信息纳入旅游基础数据系统，研发旅游厕所定位和信息发布系统；运用地理信息系统进行动态化、数据化管理。

澳大利亚墨尔本科林斯街(Collins Street)街头的公厕

国外及中国台湾旅游厕所借鉴
Experiences and Good Practices

吴忠宏　曾维德　　台湾友善公共厕所规划设计理念——以主题乐园为例
李　孜　蒋雨婷　　世界厕所组织（WTO）推进"厕所创新"——厕所让生活更美好
《中国旅游报》供稿　他山之石：国外厕所怎么做

台湾友善公共厕所规划设计理念——以主题乐园为例

Planning and Design Principle of Friendly Public Toilet in Taiwan: A Case Study on Theme Park

文 / 吴忠宏　曾维德

【摘　要】

公共厕所的设置代表国家的门面,直接呈现该地区人民的水平与素养,因此要提升旅游业的发展,实应先从改善公共厕所的质量做起。友善的公共厕所在规划时,须考虑设计者、施工者、使用者、管理者、维护者,以及当地环境等不同方面,并兼顾生理需求、舒适明亮、容易清洁、便于维护、省能节水、环境共生等特点;再者,实施时更要有利于满足行动不便者的需求。本文以台湾地区北、中、南3个主题乐园的公共厕所作范例介绍其设计理念与原则。

【关键词】

旅游景区;友善公共厕所;主题乐园

【作者简介】

吴忠宏　台中教育大学永续观光暨游憩管理教授
曾维德　台中教育大学永续观光暨游憩管理硕士学位学程

注:本文图片均由作者提供。

公共厕所（亦简称"公厕"）系设置于交通、商业、教育、文化、体育、医疗与景点等公共建筑和场所的厕所，是社会大众每天外出工作、求学、休闲必须使用的一项公共设施，与民众生活息息相关。公共厕所除了提供满足如厕的生理需求外，同时兼具更衣打扮、清洗梳理、整理仪容、紧急避难等功能。公共厕所的服务质量是代表国家开发程度以及文化水平的一个重要指标[1]，在旅游景区或旅游景点的公共厕所（大陆称为"旅游厕所"）虽然不是所有公共设施中最重要者，但整洁、卫生、使用的友善程度往往影响游憩质量，也影响观光旅游产业的发展，各级政府均非常重视旅游景区公共厕所的设计、清洁卫生与服务管理，并将其列为施政重点之一。[2]

为持续推动公共厕所的分级制度，扩大公共厕所列管范围，加强查核辅导以提升公共厕所洁净质量，进而结合民间企业团体力量参与认养公共厕所之清洁维护，台湾环境保护署于2010年特制定"推动台湾公厕整洁质量提升五年(2010—2014)"计划。该计划之具体目标简述如下：

（1）依各类别场所之公共厕所设置情形扩大列管数量，加强维护管理及稽查取缔。逐年提升列管公共厕所数量，至2014年达全面列管目标，并督促公共厕所管理单位调整男女厕间数量比例。公共厕所整洁卫生检查表如表1所示。

（2）持续进行公共厕所检查并予以分级管理，依序分为：特优级、优等级、普通级、加强级及改善级等5级，各级标示图例如图1所示。

表1 公共厕所整洁卫生检查表

检查日期：　年　月　日　时

公厕编号		公厕名称	
		主管机关	
		管理单位	
		厕所类型	□男厕　□女厕　□残障厕所

类别	检查项目	扣 分 项 目（请于方格内打√，粗线旁填写数字）	
		每处扣 10 分	每处扣 5 分
硬件设备	照明	□缺电或无照明设备或自然光照明不足	□照明设备损坏　处 □未利用自然采光
	厕所	□损坏或无法上锁不堪使用　处 □上锁不供使用　处	□局部损坏　处 □厕所改做工具间
	大小便器	□无法使用或严重破损　处	□局部破损　处
	冲水设备	□无冲水设备或缺水　处 □故障无法使用　处	□漏水　处　大便池　处
	洗手设备	□无此设备或无法使用 □缺水	□局部损坏或漏水处
	地板	□严重破损	□局部破损（900cm²以内）
	接口设备（墙壁、门窗、天花板、镜子、挂钩）	□严重破（缺）损　处 □厕间外无垃圾桶 □无挂钩或未设置物台	□局部破损（900cm²以内） □油漆剥落 □垃圾桶不足　个（男厕除外） □挂钩脱落或置物台毁损　处
	标示	未标示男女 未标示残障厕所	□男女厕所标示模糊不清 □残障厕所标示模糊不清
维护检查记录	检查记录表	□厕所明显处未标示打扫人员姓名及维护管理单位电话 □厕所明显处无悬挂清洁及检查人员记录表 □清扫或检查出勤记录表累积2天未签	□清扫或检查出勤记录表1天未签 □标示脏乱、破损未更新
清洁维护	通风	□有臭味	□有异味
	大小便器厕位	□堵塞　处 □有秽物　处	□积垢　处 □脏污　处 □垃圾溢满　处
	洗手台	□堵塞或脏乱、积垢	□不洁、置杂物
	地板	□严重潮湿或打滑 □积垢 □地板脏污	□局部潮湿不洁
	周边环境	□环境脏乱 □周围杂草超过60公分 □清洁用具散乱 □化粪池未定期清理	□门窗　□镜子　□天花板 □清洁工具任意放置 □堆置杂物　□墙壁不洁

类别	检查项目	加 分 项 目（请于方格内打√，粗线旁填写数字），至多20分	
		加 10 分	加 5 分
硬件设备	照明	□采用节水、节能省电设备	
	简便清扫工具	□于厕间提供使用人简易自行清理	
如厕文化标示	文宣	□有操作型文宣（每一厕间、小便斗及洗手台皆须设置）	
清洁维护	大小便器厕位		□厕间有提供卫生纸
	洗手台		□有提供洗手乳
	检查记录表		□清扫记录每日4次（含）以上

现场照片(每日至少2张)	总评：本次检查结果应改善项目： 1.硬件设备共计　项。 2.如厕文化标示共计　项。 3.清洁维护共计　项。 4.检查记录表共计　项。 5.总分：　分。
受检单位签名	检查单位　　　　　　检查员签(名)章

公厕编号：1000210008-A-00015
公厕名称：○○主题游乐园-男厕
管理、维护单位名称：○○县○○主题乐园
认养团体名称：○○企业
检举电话：（ ）○○○○-○○○○
所属机关：○○县政府旅游局

图1 公共厕所分级标示图例

- 特优级——检查成绩95分以上。
- 优等级——检查成绩86~94分。
- 普通级——检查成绩76~85分。
- 加强级——检查成绩61~75分。
- 改善级——检查成绩60分以下。

（3）2014年起优等级（含）以上之公共厕所比例需达90%，借此提升公共厕所质量，营造如瑞士、日本般永续优质的生活环境，以及培养民众使用公共设施的素养。

（4）推动公私民间企业团体参与认养公共厕所环境整洁维护，优先针对改善级及加强级公共厕所，民众使用频率较高、使用环境及硬件设施现况需投入经费改善的公共厕所，结合各县市政府媒合及协助公共厕所管理单位推动民间企业团体认养公共厕所环境整洁维护工作。

（5）提升如厕文化，并推广公共厕所管理及维护单位于厕间提供简易清理工具，倡导使用者爱惜妥善使用并于如厕后随手清理。

1 旅游景区公共厕所的课题

公共厕所虽然为民众生活所必需，但旅游景区的公共厕所过去常因为假日大量人潮的涌入，以至于清洁人员来不及打扫，导致厕所里脏、湿、臭等问题，长久以来形成民众心理上对公共厕所既需要又嫌恶的矛盾现象，产生旅游景区公共厕所在规划时面临"难选址""难设计""难建设""难维护"等课题。本文特就过去台湾的一些经验介绍旅游景区公共厕所常见的缺失与问题，简单整理如下：①男女厕所数量、分配比例不当；②指示标志不清，民众失去方向；③位置过于偏僻，形成治安死角；④缺乏清洁维护，令人望而生畏；⑤缺乏污水处理设施，污水渗漏污染环境；⑥自然通风不佳，采光照明不足；⑦未达无障碍环境的要求；⑧缺乏银发族、孕妇、婴幼儿及行动不便者使用的人性化设施；⑨缺乏水源或设施老旧缺乏整理；⑩内部设施缺乏或遭破坏，如垃圾桶、卫生纸、置物架、挂钩、工具间、婴儿换尿布台等；⑪建材选用不当，致使地面湿滑不易干燥、墙面易生霉菌、不易清扫等。③

2 规划原则

旅游景区的公共厕所依据建筑形式可分为建筑物内附设厕所及独栋式厕所；依据自然环境条件与人文环境条件又可概分4大类，其分类与因地而异的注意事项如下：①海滨地区厕所，在建材的选择上应避免盐害并做好防风、防雨或防沙等措施；②山林地区厕所，应着重于景观协调；③温泉地区厕所，则应考虑建材、五金避免诸如硫磺温泉影响，而导致金属零件锈蚀；④传统建筑地区厕所，则应表现当地文化特色，符合与原先建筑群及环境景观相互统一协调的原则。然而，为了兼顾设计者、施工者、使用者、管理者、维护者以及自然环境的观点，旅游景区公共厕所的规划原则涵盖6大目标：①满足如厕行为生理需求；②空间舒适明亮；③容易清洁维护；④利于行动不便者；⑤省能节水；⑥与环境共生等。

3 区位选择

基于兼顾设计者、施工者、使用者、管理者、维护者以及自然环境的观点，旅游景区公共厕所于规划时，在区位选择上可考虑以下重点：①明显安全但又不破坏景观：以游客容易寻获的位置为佳，例如停车场、入口、旅游服务中心附近等，但又为了保持使用者的私密性，而且为了整体景观考虑，公共厕所的设置区位应不可阻挡景观，并应该予以绿化遮蔽。②可达性：以使用者观点，设置区位应避免地形起伏差异过大，即使行动不便者也要容易抵达；以管理者的观点，维修人员及设备也要容易送达，应避免公共厕所的水电维护不易，出现水龙头未关紧漏水、设备损坏未更换等维护管理问题；以清洁者的观点，亦可方便每日清洁、污水清运车辆的进出。③管线架接容易：设置区位最好靠近既有水电管线的接管处，避免为了兴建公共厕所而执行过大规模的水电配管作业，徒增浪费。④排水方便：应设置于地质稳定，不易积水之处，避免公共厕所在平时潮湿不洁，或是遭遇暴雨时出现浸淹情形。⑤顺应自然环境：考虑臭气排放，设置区位应顺应风向，避免湿气，并合乎日照、自然通风等条件。

4 男女平权

公共厕所男女便器数量比例之制定，主要系考虑男性、女性如厕时间，以及勿让使用者等候时间过久。研究显示日本女性如厕时间约为日本男性的3倍，主要因为日本女性如厕前先按水冲净便器后，因差于让他人听见如厕声音，再次按水于冲水声中如厕，并于如厕后三度按水（表2）。而中国台湾女性如厕小便时间则为70~73秒，较日本女性少一次冲水时间，洗手约为30秒，台湾男性如厕小便时间约为30~35秒，洗手时间约15秒；两者之间相差仍有2倍有余。④由此衍生，女用便器数量大约是男用小便器的2倍有余。有鉴于此，台湾地区的"建筑技术规则"建筑设备编第37条中明订，卫生设备属同时使用类型者（如学校、车站、电影院等），其女用大便器数：男用大便器数增为5:1；属分散使用类型（如办公厅、工厂、商场等）者，其女用大便器数：男用大便器数比例修正为3:1以上。其中，前者因有尖峰时刻需求，其女用大便器数与男用大便器数之比例增为5:1；后者之女用大便器数与男用大便器数之比例维持3:1，以保障两性在卫生福祉方面之基本需求（表3、表4）。

而旅游景区公共厕所便器最小

表2 男女厕所日本、中国台湾上厕所小便时间比

国家和地区	性别	小号	洗手	共计	时间比
日本	女	90~93秒	30秒	120~123秒	3
	男	30~35秒	15秒	45~50秒	1
中国台湾	女	70~73秒	30秒	100~103秒	2
	男	30~35秒	15秒	45~50秒	1

资料来源："交通部"观光局·旅游景区人性化公厕设计规范

表3 厕所便器设置比例——依游客人数规划

	游客数	大便器	小便器	洗手台
女	以55%计	1个/8人		1个/40人
		200人以上每超过100人增加2个		
男	以45%计	1个/30人	1个/14人	1个/50人
		200人以上每超过100人增加1个	200人以上每超过100人增加1个	

资料来源："交通部"观光局·旅游景区人性化公厕设计规范

表4 卫生设备数量表

30分钟内参访数	女55%	男45%	女 大便器	男 小便器	男 大便器	女 洗手台	男 洗手台
40	22	18	3	2	1	1	1
80	44	36	6	3	2	2	1
120	66	54	9	4	2	2	2
160	88	72	11	6	3	3	2
200	110	90	14	7	3	3	2
300	165	135	16	8	4	5	3
400	220	180	18	9	5	6	4

注：1. 以女性等候时间不超过8分钟计算。
2. 厕所可于同一据点或区域内，分多处设置。

数量之推估,系以一般假日之尖峰时段,30分钟内的参访人数来求得男女厕所的数量,女性游客数以55%计算,男性游客数以45%计算,并视实际情况分散设置。倘若一般假日与连续假日的离尖峰参访人数差距过大,依据一般假日求得的数量仍嫌不足时,则建议于另一处旅游动线选择适当区位增设公共厕所,且平时仅开放其中一处使用,以节省清洁管理成本。

5 无障碍环境

能被行动不便者所使用的公共厕所,就能被所有的人使用。旅游景区公共厕所的设计应以符合无障碍设计 (Universal Design)、无障碍空间设计为前提,上述的行动不便者是一个概括性用词,包括了需要搀扶照顾的银发族,肢体障碍者,视力、听力、语言障碍者,甚至是尿失禁或带尿布患者,带人工肛门、人工膀胱患者,等等,都可说是"行动不便者",更广义者还包括孕妇、携带幼童的家长等(表5),于2014年修订的建筑物无障碍设施设计规范,[5]提出设计者应先考虑厕所内的各种使用行为,并兼顾良善的清洁管理,作为规划设计前提。

现今社会的少子化现象,也逐渐冲击着过去以成人生理性别作为上厕所的依据,现在也经常可以看到母亲带着男孩上女厕,或是父亲牵着女孩使用男厕,多少也会引起一些争议,类似的困扰还有带婴儿的父亲常发现婴儿的换尿布台只设置在女厕,或是孝顺的儿子需要照顾行动不便的老妈妈上厕所等,这些不便

表5 卫生设备数量表格

区分	使用行为	一般公共厕所	行动不便者厕所
一般使用者			
一般男性	行动较快,动作范围较女性大	需有较大之单元空间	亦可使用
一般女性	动作较繁复,花费时间相对增加,常有携带物品	安全性需加强,需考虑化妆等附带行为	女性月事者使用之更衣板、一般之换装平台
行动不便者			
高龄者		小便斗要有扶手,地板忌有高低差(一厘米之高低差亦容易跌跤)	有扶手较方便使用,有介护者陪同使用
肢体障碍者	行动较慢,持手杖	无法使用	残障专用马桶及扶手设备等,地板无高低差,要有残障坡道
视力障碍者	以轮椅代步,以手推及电动两种轮椅	点字导引或介护者同行,地板不要有高低差	亦可使用
听力障碍者	持杖探路,导盲犬,弱	地板平坦为原则	亦可使用
言语障碍者	无法言语,行动如常人	地板平坦为原则	亦可使用
孕妇、妇女	行动缓慢	地板平坦为原则,马桶间最忌高低差	孕妇方便使用、妇女月事使用之换装台
儿童	活动力大	地板有高低差易跌伤	亲子共享尿布台、婴儿椅
带人工肛门者 带人工膀胱者	行动缓慢、介护者同行	无法使用	必须设有人工肛门及人工膀胱冲洗用污物盆

资料来源:"交通部"观光局,旅游景区人性化公厕设计规范

图2 入口处指示标志

图4 外部环境植栽绿化

图3 内部指示标志

图5 增加自然通风及采光

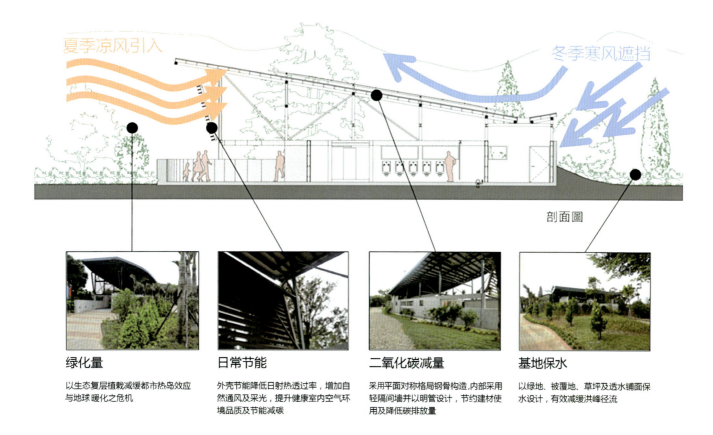

图6 小人国主题乐园厕所绿建筑指针检讨示意图（一）　　　　　　　　　　　　　　　　　　　　　　　　　　　　资料来源：小人国主题乐园

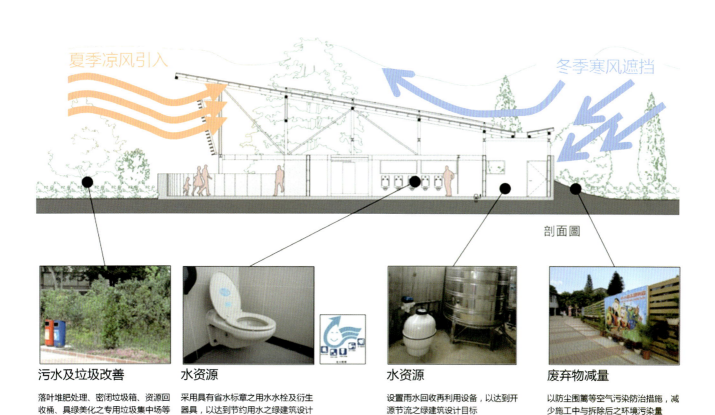

图7 小人国主题乐园厕所绿建筑指针检讨示意图（二）　　　　　　　　　　　　　　　　　　　　　　　　　　　　资料来源：小人国主题乐园

图8 男厕亦设置婴儿换尿布台

图9 蹲式厕间鸟类景观窗

图10 男厕均设落地式便器及置物架

图11 上方透空设计保持空气流通

轻隔间墙，排水管采用明管设计，借以节约建材使用，达到降低碳排放量。

（5）废弃物减量指标：利用土方挖填平衡，施工期间采用专用洗涤车辆或土石机具清洗、车行路面铺设钢板或打混凝土、车行路面及堆料弃土区、裸露地面进行洒水喷雾、防尘围篱等空气污染防治措施，减少施工中与拆除后之环境污染量。

（6）水资源指标：采用具有省水标章之用水器具，包括一段式及二段式省水马桶（大便6L，小便3L）、供民众使用之小便器、水栓，并设置雨水回收再利用，以达到开源节流之绿色建筑设计目标。

（7）污水及垃圾改善指标：将所有污水确实接管至污水处理设施或污水下水道，并设置落叶堆肥处理、资源回收桶、密闭式垃圾箱、动线合理且具绿美化之专用垃圾集中场等垃圾减量设施。

与尴尬也不断提醒设置性别友善无性别厕所或是亲子厕所的重要性。

6 台湾主题公园厕所案例

6.1 小人国主题乐园

位于桃园市龙潭区高原村横冈下60-2号的小人国主题乐园，自1984年开始营运，园区以台湾与世界各地的缩影模型为主题。近年新完成一座公共厕所（图2~图7），并通过绿化量、基地保水、日常节能、二氧化碳减量、废弃物减量、水资源、污水及垃圾改善等指标审查，取得2011年绿建筑标章，其规划理念摘述如下：

（1）绿化量指标：采用生态复层植栽绿化种植方式，借以塑造生态城市环境，提供生物多样可能性，并减缓都市热岛效应与地球暖化之危机。

（2）基地保水指针：以绿地、被覆地、草沟保水设计及透水铺面保水设计为主，借以提升基地保水能力，避免大暴雨发生时大量径流排入公共下水沟，有效减缓都市洪峰。

（3）日常节能指标：进行建筑物外壳节能设计，降低日射热透过率，为提升健康室内空气环境质量，增加自然通风及采光性能，达到节能减碳之功效。

（4）二氧化碳减量指标：为钢骨造低层建筑，平面对称、立面造型略带变化，但不过分装饰，内部采用

6.2 剑湖山世界

剑湖山世界是台湾中部知名游乐园，位于云林县古坑乡永光村大湖口67号，自1990年营运，综合"休闲、游乐、文化、科技"四大功能，园区占地面积60多公顷。园区设有公共厕所共18座，并设有污水处理厂，其处理等级为三级排放标准，改善放流水水质以符合中水水质标准，另外设置中水系统，将放流水回收再利用成为景观植栽浇灌用水，以及循环回收作为厕所清洁便器用水。

园区考虑到游客层包含幼儿，并设有亲子厕所，提供孩童专用马桶与垫脚座，并考虑公共卫生，小便斗均采用自动感应式冲水设施，

并每天由专人进行维护、清理，设有清洁检查表做定期检查（图8）。

6.3 八大森林乐园

位于台湾南端的八大森林乐园，地处屏东县潮州镇潮州路800号，园区为台湾少有的平地桃花心木森林，辅以蝴蝶园、雨林馆、机械游乐设施等元素所建构的欢乐主题乐园。近年于桃花心木森林间整修一座既有的公共厕所，在空间设计上亦采用四面上方透空设计，保持空气流通；而内部空间则采用桃花心木之自然色系新型导摆隔间，让使用者置身自然之感，特别之处在于厕间结合森林"虫鱼鸟兽"概念，以豢养真实的鸟类景观为窗景，使用者于如厕时偶有鸟类适时鸣唱，提升使用者如厕时的趣味（图9~图11）。

7 结语

经过多年的努力，提升公共厕所的质量在台湾已具成效，成为全民共识，获得百姓关注，更受到媒体重视，在政府积极地推动落实、稽查取缔，以及列管考核下，台湾各县市旅游景区内的公共厕所大多都能达到优等级以上的水平。现代台湾社会已逐渐将公共厕所称为"洗手间""盥洗室""化妆室"，其意义在于公共厕所或许已经从早期纯粹满足生理需求的简陋空间，演变成为具有社交意义的重要整妆空间；其排泄肮脏、清洗不洁之意涵或许已经转换为具有整妆梳洗再出发的贴心空间。今天亦有多处附设于建筑物内的商业空间或百货公司试图营造主题厕所，吸引民众注意，形塑友善环境设施，落实企业社会责任；然而研究显示，公共厕所用户将厕所清洁无污垢、妥善处理垃圾、地板清洁干净、通风良好无异味等视为最基本的服务质量。⑥为避免服务质量不堪的公共厕所降低游客对于旅游景区的满意度，进而影响游客重游意愿，厕所的设备堪用度、安全性、舒适性、方便性、绿化、美化及清洁管理等服务质量方面，仍应为旅游景区管理部门所重视及持续努力的重点。

注释

① 蔡淑莹. 以高龄友善城市观点探讨台北市公共空间——以信义区及万华区为例[J]. 建筑学报, 2014, 90: 23-34.

② 台湾"交通部"观光局. 2012年旅游景区游客调查报告[R]. 台北市："交通部"观光局, 2014.

③ 台湾"交通部"观光局. 旅游景区公共设施规画设计准则汇编[G]. 台北市："交通部"观光局, 2001.

④ 台湾"交通部"观光局. 旅游景区人性化公厕设计规范[S]. 台北市："交通部"观光局, 2005.

⑤ 台湾"内政部"营建署. 建筑物无障碍设施设计规范[EB/OL]. 2014-12-01. http://www.cpami.gov.tw/chinese/index.php?option=com_content&view=article&id=10518&Itemid=57.

⑥ 谢志光等. 以Kano模式衡量公共厕所服务质量[J]. 工作与休闲学刊, 2010, 2(1): 45-56.

世界厕所组织（WTO）推进"厕所创新"
——厕所让生活更美好

World Toilet Organization (WTO) Promotes "Toilet Innovation": Better Toilet, Better Life

文 / 李 孜　蒋雨婷

【摘　要】

厕所是一个国家、一个地区物质文明和精神文明的重要体现，是一个国家和地区经济和社会发展总体水平的体现。如厕是每个人生命中的一件大事，世界厕所组织（World Toilet Organization, 简称WTO）作为一个研讨60多亿人如厕问题的国际组织，在全球范围内已掀起"厕所创新"潮流。2015年国家旅游局局长李金早先生首提"厕所革命"，启动全国旅游厕所建设与管理三年行动，从思想认识、文化观念、政策措施、体制机制等方面进行一系列广泛且深刻的改革，引领一个风潮。世界厕所组织的创新经验也值得我国旅游厕所革命所借鉴。

【关键词】

世界厕所组织；厕所创新；旅游厕所

【作者简介】

李　孜　新加坡国立大学环境设计学院助理研究员

蒋雨婷　北京林业大学园林学院硕士研究生

注：本文图片除特殊注明外均由作者提供。

图1 WTO峰会会议合照　　　　　　　　　　　　　　　　　　　世界厕所组织/供

1 引言

根据世界厕所组织提供的数据，每个人每天大约上厕所6~8次，一年约2500次，人一生中大约有2年时间耗费在厕所里。联合国数据显示，全球目前仍有25亿人（即接近全球人口的40%）缺乏基础卫生设施，相比1990年的27亿人，仅减少7%，这部分人群主要集中于发展中国家的低收入社区。在这25亿人口中，约11亿人仍在水沟、草丛等露天场地随地大小便，相较而言，全球使用手机、电视机的人数都已超过使用厕所的人数。[1]在过去很长一段时间内，基础卫生设施中的厕所建设问题一直被大众忽视，甚至一些地方政府官员、联合国机构工作人员谈及"基础卫生设施"时，只涉及黑水、灰水的排放净化设施建设，"厕所"登不了大雅之堂。

基础卫生设施建设落后，大众卫生意识薄弱，无疑给数十亿人的生命健康、人身安全、道德教育、人格尊严、社区发展带来严重影响。很多妇女因没有干净的用水而在分娩中死去；也有少女因夜晚在野外解决内急而遭非礼；平均每15~20s就有一位儿童尤其是5岁以下婴幼儿因接触含有病原体的脏水而患腹泻、痢疾、伤寒、霍乱、甲型肝炎等疾病死亡；很多学校没有女厕，导致青春期的女生因隐私无法得到保护而辍学……尽管有些国家已意识到环境卫生问题的重要性，但进展依然缓慢，直到世界厕所组织（World Toilet Organization，简称WTO）的成立及其在全球范围内掀起了"厕所创新"，人们的如厕条件才开始真正得到改善。

2 缘起

新加坡厕所协会主席沈锐华（Jack Sim）长期关注厕所与国计民生问题，年轻时即开始创业，在投身非政府组织（Non-Governmental Organization，简称NGO）以前已是成功的企业家，拥有自己的卫浴设备企业。随着对卫浴行业的深入了解，他越来越意识到厕所卫生问题即使在21世纪的今天仍然是人类生存的一个威胁。2001年，年已不惑的他毅然放弃了卫浴企业，开始了人生中的第二次创业，决定为全世界贫困穷苦地区的人民发声，为他们获得应有的健康、尊严与权利倾力而为。

沈锐华发现一般人总是羞于谈论有关"厕所"的问题，与日常生活密切相关的厕所像一座孤岛而不被人重视。因此，他在1998年先创立了新加坡厕所协会（the Toilet Association Singapore，简称RAS），致力于向公众提供清洁的公共厕所。当时，国际上已有不少关注厕所问题的非营利组织，然而绝大部分组织都孤军奋战，不同国家之间的组织缺少良好的沟通交流渠道，导致无法学习其他组织的经验及技术，彼此间也缺乏协同与联系，更谈不上在全球范围内引起大多数人对厕所卫生问题的关注。[2] 沈锐华认为，建立一个全球性的厕所组织势在必行，于是，世界厕所组织在他的助推下于2001年11月19日诞生。

3 一个带着马桶盖的"WTO"

WTO是一个非营利、非政府性组织，由新加坡共和国洗手间协会、日本厕所协会、大韩民国清洁厕所协会、中国台湾厕所协会联合创立，总部设于新加坡。该组织致力于全球性的厕所文化，倡导厕所清洁、舒适、健康，改善全球厕所的卫生设施，并以"关注全球厕所卫生"（Involving Toilet and Sanitation Globally）作为口号，通过不同的举措积极为全球各厕所组织、政府、学术机构、基金会、联合国机构及企业利益相关者提供联系、交流、信息共享和合作的国际性平台，并促进环境清洁卫生和公共卫生政策的推行。

WTO花了5年的时间积蓄人们对它的热情，从第六年起，情况开始好转，对于早期接触WTO的人和组织而言，厕所问题已成为一个很普通的课题，越来越多的人愿意资助WTO的发展。直至今天，WTO已拥有58个国家的235个国际会员，并与约40家社会组织建立了合作伙伴关系，其组织网络仍在持续扩展中。[3]

4 多层面推动厕所创新

WTO通过设立"世界厕所日"、举办一年一度的"世界厕所峰会"（图1）及博览会、设立"世界厕所学院"，建立"厕所市场"等方式，倡导全球范围内的相关合作伙伴、支持者、资助者、政府机构及国际组织共同努力，以实际行动落实公共卫生策略，确保人们均能享有健康卫生的生活。[4]

4.1 世界厕所峰会——搭建国际交流信息共享平台

世界厕所峰会由WTO创建，是目前全球唯一一个能聚集各公共卫生利益相关者的国际性平台，致力于扩大影响及对公共环境卫生市场的创新。所有的厕所和卫生组织均可借助该平台相互学习，并充分利用媒体和全球支持，促使政府制定并落实健全的卫生和公共健康政策；同时也扮演着公厕信息资料中心的角色，推广世界各国在厕所建设和管理方面的经验及技术，为所有对厕所感兴趣的人提供资料，协调并推广各方在厕所事务方面的合作。

首届世界厕所峰会于WTO正式成立的当天在新加坡举行，来自30多个国家和地区的500多名代表在大会上讨论了有关厕所的广泛议题，包括厕所设计、卫生、舒适，以及解决排泄物污染和发展中国家厕所缺乏等问题，使一直难登大雅之堂的厕所问题受到全世界的关注。

自2001年起，WTO与东道国政府在不同地区联合举办世界厕所峰会及博览会。至今已在新加坡、韩国、北爱尔兰、俄罗斯、泰国、印度、美国、印度尼西亚和我国的北京、上海、台北、澳门举行过13届世界厕所峰会，共计约3000名代表参加过会议。在2004年北京举办的第四届厕所峰会上发表了《2004年第四届世界厕所峰会北京宣言》[5]，该宣言称：厕所是一个国家及地区物质文明和精神文明的重要体现，是一个国家及地区经济和社会发展总体水平的体现。在厕所规划和建设中应强调以人为本，更加关爱老人、儿童、妇女和残障人群等。

4.2 世界厕所日——倡导全民关注良好如厕环境

无声的卫生危机如一个定时炸弹，牵动着全世界数十亿人。在WTO成立之时，公共卫生设施的相关话题很少能引起媒体的关注，并在全球发展的议程中被忽视。因此，在首届厕所峰会上提议将每年的11月19日定为"世界厕所日"，以此来吸引全球共同关注公共卫生危机，向公众强调厕所在日常生活中的必要性，并时刻提醒公众还需要为改善全球数十亿人的卫生条件作出不懈努力。

2013年7月24日，第67届联合国大会通过了由新加坡、印度尼西亚、中国、俄罗斯等近100个国家共同提出的"世界厕所日"提案，大会决定将每年的11月19日正式定为"世界厕所日"。决议敦促所有会员国、联合国各组织机构和其他利益相关方的政策制定，希望借此增加贫困人口获得良好环境卫生的机会。同时呼吁杜绝随地大小便行为，并提倡以更广阔视角处理环境卫生问题，包括提供基本环境卫生服务，建立排污系统以及在水资源综合管理框架内开展废水处理和循环利用。决议还倡议各国政府、联合国机构和民间团体在"世界厕所日"举办教育和宣传活动，以推动实现可持续的环境卫生。

世界厕所日活动的开展，提高了各国各级政府及普通民众对厕所问题的认识，并推动了各国有关部门采取措施加快对环境卫生问题的解决。

4.3 世界厕所学院——促进公共卫生建设落地实行

诚然，缺少厕所设施已是一个在全球尤其是低收入地区普遍存在的问题，但即使对于那些已有卫生设施的地区而言，缺乏恰当的卫生设施管理维护与清洁也是同样严重的问题。对厕所的良好维护有助于人们正确使用卫生设施，并有效遏制致死疾病的发生。业界也达成共识，认为需要一个独立的国际性组织来制定并传播明确的厕所设计规范、清洁方式及卫生技术手段。

2005年，WTO与新加坡理工学院合作，在新加坡开办了第一所世界厕所学院（World Toilet College，简称 WTC）。WTC是获得培训机构认证的社会企业，长期与众多包括新加坡理工学院在内的著名机构合作。学院开设的课程内容包括不同场所的厕所如何设计、管理、服务培训、日常简单修理、定期清理等。课程由生态卫生领域的专家及由WTC授予资质的培训师传授。

从2005年建院至今，WTC累计已培训4000多人，并在中国（海南）、印度尼西亚（梭罗、班达亚齐、米拉务）、印度（泰米尔纳德邦）建立分院。世界厕所学院在中国海南海口设立的中国分院是其在中国设立的首个厕所学院。该分院与国家旅游局合作开展相关的

图2 柬埔寨露天厕所

职业技能及师资培训，致力于加快推进中国特别是海南国际旅游岛公共卫生的建设。

学院对来自城乡不同地区从事于卫生清洁工作的学员进行培训与能力培养，使他们掌握更专业的技能，提高他们的工作效率及自信度；同时，研发改进厕所的科技手段，使厕所更节水生态，并符合人性化需求。学院鼓励合格的学员及专业人员加入到卫生利益相关者组织的网络中，贡献专业知识与技能，实现个人发展。学院提高了环卫工作者的尊严，同时改变了大众对环卫工作范畴的认知。

4.4 SaniShop市场化项目——改善低收入社区生活品质

WTO深入低收入社区，将"关注全球厕所卫生改善"的口号付诸直接惠及社区的项目中。自2009年开始，在沈锐华的带领下，WTO开始推动一项"金字塔底层"（Bottom of the Pyramid）计划（"金字塔底层"为经济用语，此处指低收入且需要厕所的人）——SaniShop市场化项目，在发展中国家建立低收入人群的"厕所市场"。

据估计，全球处于"金字塔底层"的人需要约5亿间家用厕所，再加上学校、灾区重建、军队等所需公厕的数量，人们对厕所各种设施的需求量很高。目前，通常由社会慈善团体承担贫民购买厕所的开支，但事实上，由于许多贫困地区的人们一直不愿意正视与厕所相关的需求，因此未真正养成良好的卫生习惯，有人甚至将慈善机构新建的厕所改为储藏室而一如既往地在露天如厕（图2）。可见，这样治标不治本的方式并不可持续，需要一个"授人以渔"的新方式从根本上改善低收入社区的生活品质。

WTO从提高人们的意识入手，采用"社区引导整体公共卫生"的方式让贫民学会珍惜厕所。组织先请了相关专家到没有厕所的地区，以玩游戏的方式让社区百姓意识到使用厕所的重要性，以此加强贫民用厕的观念，刺激他们对厕所的需求。当村子越来越多村民拥有厕所后，没有厕所的家庭就会面对社会压力，不得不购买厕所，逐渐形成自发的厕所市场。这个庞大的厕所市场能带动厕所、肥皂、厕纸等制造业及服务业的发展，在真正改善社区卫生条件的同时，带动社区就业，使社区保持良性的可持续发展。

图3 柬埔寨当地石瓦匠

已经销售24000座厕所,最基本的整套厕所装置由水箱、PVC排水管、瓷制蹲坑及三环式储粪井(根据需要可以增加环)(图4)。整个项目的运营方式值得借鉴。[6]

4.4.1 SaniShop现有商业运营模式

SaniShop建立一个集中生产便池、井盖、水箱的生产中心,通过大量销售成套的厕所装置使经济效益最大化,同时该中心可以灵活应对使用者的需求变化而对产品生产进行调整,每月能生产300座厕所。而厕所的环形储粪井则分包给当地已接受过相应培训的石瓦匠们(往往也是厕所的分销商)生产,SaniShop向作为分销商的石瓦匠提供产品,然后,分销商再将整套厕所装置销售给社区用户。

SaniShop的销售与市场经理、产品经理、财务会计及地方分销经理共同参与从产品生产到销售的整个商业生态系统中,SaniShop对系统的运营进行监督,并根据市场需求及技术革新对产品进行开发升级。

SaniShop销售与市场经理由有口才、有职业精神并致力于社区建设的当地人担任。他们掌管地方的分销经理;需要与当地社区的管理者比如村主任建立良好的关系,并对社区的代理商进行业务培训;引导并刺激当地人对厕所的需求。产品经理也由口碑好且具职业精神的当地人担任,负责管理生产中心的整个生产链以及产品研发;同时需要协调传输给地方分销商的供应链(图5)。

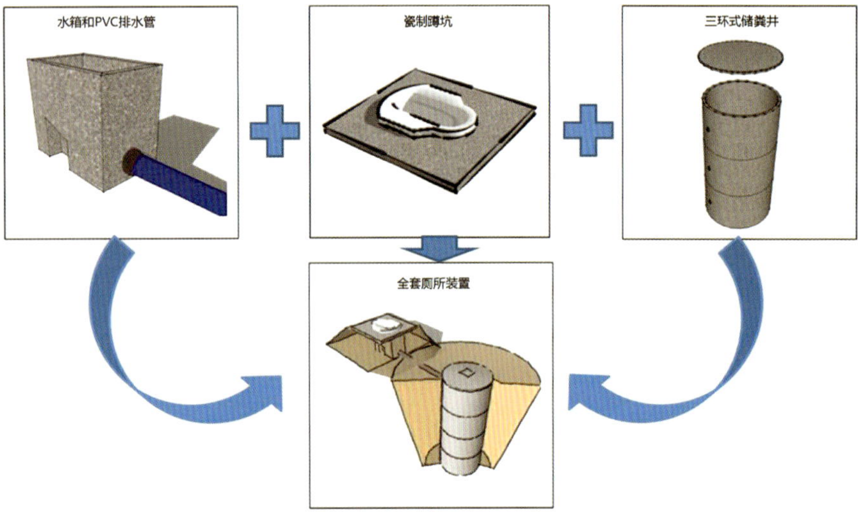

4.4.2 SaniShop商业拓展运营模式

SaniShop希望在其他NGO及小额信贷机构的支持下,采用加盟商模式来拓展销售市场规模。SaniShop将与材料供应商协商压低原材料价格,增加产品品类的多样性(如提供太阳能厕所照明系统及卫生盒等),拓宽刺激需求的渠道,以形成当地对厕所的大量需求。

地方分销经理与NGO及地方社区管理者协同工作,提高社区大众的卫生意识,引导对厕所的购买需求;与地方诊所的医护人员建立关系,鼓励他们向社区患有介水传染病的村民推荐使用SaniShop生产的厕所;确定并培训能创造需求的利益相关者来提升销售策略;提升SaniShop,建立品牌意识及产品黏性。

作为分销商的石瓦匠将转变为SaniShop的加盟商,他们可以生产并向用户销售整套厕所装置及配套的厕所棚,从中赚得利润。SaniShop鼓励他们推荐其他合适的人作销售代理(这些人主要来源于他们身边的家庭成员及朋友),并在接受

![图4 基本的整套厕所装置]

图4 基本的整套厕所装置

2010年,SaniShop开始制造马桶、排水系统等,并以较低价格卖给需要的人,同时教低收入者尤其是当地石瓦匠(图3)开厕所工厂和销售。工厂的推销员大多是家庭妇女,她们在下午的空闲时间去推销厕所。目前工厂分布在印度、柬埔寨、越南等地。

SaniShop市场化项目在柬埔寨施行颇有成效,当地开设的工厂现

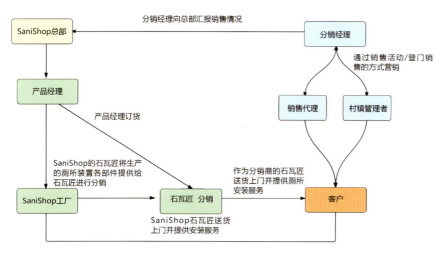

图5 SaniShop现有商业运营模式

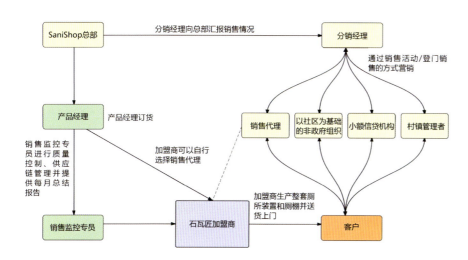

图6 SaniShop商业拓展运营模式

SaniShop的专业培训后于当地进行厕所推销,这也有助于提高社区村民的收入与参与意识(图6)。

4.4.3 低价销售

根据2013年WTO的评估报告,SaniShop的销售目标人群年收入约为903美元(2.6美元/天);50%的SaniShop用户日收入不足2美元。为了使低收入家庭能使用厕所,SaniShop尽可能压低售价。同时,SaniShop通过与小额信贷机构合作来帮助解决那些无法一次性支付费用的低收入家庭购得厕所,这些用户只需在随后的6~18个月完成还款即可。

此外,SaniShop采用一站式服务。销售一套完整的厕所装置并加上配送安装服务总计50美元,与市场上其他销售方式相比可为用户节省约6美元,并节省了大量的安装时间。

4.4.4 深入社区服务

SaniShop主要通过在社区举办销售活动的方式来提高当地人对如厕条件的重视(图7)。地方销售经理与村主任一起召集家里未安装厕所的村民,并通过图解的方式向这些村民讲述卫生清洁的重要性,提高他们的卫生意识,最终传达SaniShop厕所使用的便捷安全之处,并能避免感染介水传染病,提高社会形象及尊严,节省药用开支。一些已拥有厕所的村民也被邀请到现场向

图7 SaniShop深入柬埔寨社区进行卫生宣传及销售活动

图8 SaniShop产品推广手册

邻里们证明使用厕所的众多益处。在活动即将结束时，SaniShop向活动现场的村民进行产品展示以表明其卫生清洁，并分发厕所宣传手册（图8）。在销售活动结束后，地方代理商将挨家挨户拜访追踪调查。此外，社区村民因使用干净卫生的厕所而提高了水环境的整体质量，降低了全社区村民接触污水的概率，减少了人们的日常药用开支，进而使那些暂时不能购买厕所的人在将来也能支付得起费用。

5 旅游城市厕所营建

习近平总书记指出："旅游是传播文明、交流文化、增进友谊的桥梁，是人民生活水平提高的一个重要指标。"厕所是旅游过程中必不可少的基本要素，是向外界传达地区文明程度及形象的重要窗口。自改革开放后，随着我国旅游业的迅速发展，各旅游城市及周边乡村的住宿及交通配套设施逐步完善，但旅游厕所还存在设施脏乱差、布局不合理、管理不到位等问题，而卫生清洁、功能合理、造型美观的旅游厕所可成为一道亮丽的风景，提升旅游景点的魅力。

5.1 WTO的借鉴

WTO的实践经验值得我国旅游城市厕所革命借鉴：

（1）观念先行，重构厕所文化。通过在校或社区教育、引导等方式，持续推进如厕"观念创新"，为"旅游厕所革命"创造软环境；借助世界厕所日举办文化宣传活动，利用媒体与自媒体等手段，号召全民行动，爱护厕所设施，文明用厕，养成良好的如厕习惯，发挥人与人之间互相影响及感化作用。

（2）政府引导，联合相关组织。各地政府通过政策鼓励，号召社会成立公共卫生组织、专业学术机构等，并与其合作，共同制定旅游厕所规范及技术标准，并监督景区尤其是旅游城市乡村旅游景点的厕所建设落实。

（3）重视管理，建设维护并行。建立世界厕所学院分院或在专科院校设立厕所维护、清洁等专业课程，提升厕所管理员的固有形象；鼓励请专业人员进行厕所管理，可采取景区厕所适当收费的方式，将费用用于厕所管理员的工资发放及厕所的日常维护管理；请专人监督检查公厕的卫生工作，建立监督举报制度及景区厕所体验评价机制，并制定奖惩措施，让游客投诉举报卫生状况不良的公厕，并以此作为景区评级的影响因素之一。

（4）以商养厕，带动社区发展。建立旅游厕所市场机制，引入民间资本及力量，在景点所处的社区建立如SaniShop市场化项目模式，鼓励商家参与到良性竞争中。这有利于旅游厕所品质的提升及类型的多样化，同时带动地方就业。

（5）技术革新，注重细节设计。呼吁更多的科研设计单位和生产厂家以及个人致力于厕所的设计创新和科研创新，如引入生态节能技术，提高粪便无害化程度和科技处理手段及方法；在厕所规划和建设中强调以人为本，合理布置景区旅游厕所的密度及位置，健全卫生纸、洗手液等配套设备；注重厕所设计细节，如蹲便、坐便的配置比例，考虑老人、儿童、妇女和残障人群及外国游客的使用需求。

5.2 旅游城市厕所设计新理念

2011年第11届世界厕所峰会与博览会在中国海南海口举行，峰会主题为："厕所文明：健康、旅游、品质生活。"为提高海南省内各旅游城市的基础设施建设水准，会议期间举办了厕所设计大赛，针对城市公厕及旅游厕所设计征集具体解决方案。[7]

厕所设计方案引进了国际城市及旅游景区公厕的设计新理念：

（1）普适性：对地域特色具有普遍适用性，功能设计合理，符合当地人的生活习惯等要求。

（2）人性化：考虑本地居民和游客使用的便利性及如厕文化的差异性，展现文明如厕和为如厕人服务的理念。

（3）可持续性：采用环保节能、生态保护技术，厕所建造具经济合理性，体现科技发展、节能和资源综合利用。

（4）景观化：体现城区的自然

和人文景观，表现出当地的文化底蕴，在建筑造型、用材和色彩上与环境相协调，成为建设一景，提升旅游景点的魅力。

（5）专业化：设计建造细节上采用可靠的技术设备并考虑地区气候特色，运用无障碍通道、地面防滑、防水、易清洁、通风、除臭、节能节水、防渗、耐腐蚀等措施。

5.2.1 旅游厕所案例

旅游厕所设计一等奖方案（图9）着力塑造并体现了海南本土"黎苗文化"特色，同时体现了节能、节水、绿色环保的理念，为黎苗风情旅游区设施建设提供了一条融于环境、寓情于景的途径。①功能上采取简单紧凑实用的平面布局，立面造型充分融合了洋溢热带度假风情的东南亚风格和海南本土黎苗的民俗文化风格。在体现出海南岛热带旅游特色的同时，又保持了最原汁原味的海南本土文化。②具人性化设计理念，充分考虑了无障碍设计、母婴室、儿童专用位，以及吸烟区等人性化设施。③设计加大节能设计力度，洁具均选用节水器具，做到自然通风，沿街做绿化达到除臭及绿色环保，局部做采光天窗节约电能，屋顶做绿化并设置花架减少热辐射，在屋面上做太阳能设计。

5.2.2 城市公厕案例

城市公厕设计一等奖方案（图10）作为城市小品，采用节能建筑技术，兼具实用性及景观性。①采用"亭"的抽象元素，蘑菇形的外观具城市小品的特点，并具较好的亲和力。②建筑内部的塔状空间作为共享的建筑中庭，供人等候休息；同时塔顶部开口，具良好的自然通风及自

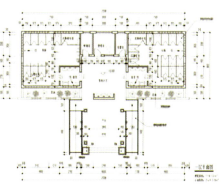
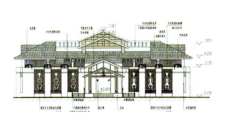

图9 旅游厕所一等奖方案

然采光性能。③厕所以环形布局,建筑立面在合适的位置开窗,在保证隐私的前提下,使每个厕所单元均等享有观赏外景的机会,提高了如厕的舒适度。

城市公厕设计二等奖方案(图11)富有想象力,考虑了海南降雨充沛的气候特点,将节能、雨水回收利用、绿色环保的绿色建筑理念运用于方案中,将太阳能电池应用、雨水收集系统与建筑空间造型紧密结合,同时将人工环境系统融入城市生态系统中。①采用"装置"概念,灵活处理建筑区域的内部空间,创造出一种融合景观与生态的可持续建筑模式。使厕所成为具组装性的装置,以满足不同时期人群对厕所数量的需求:在人流量较大的旅游旺季加设隔离幕墙以设置更多的厕所单元,并布置可组装性厕所用具;在人流量较小时拆卸幕墙,从而创造出更多建筑外部的开放空间,利用建筑本身的结构创造适宜的景观。②在建筑顶部布置太阳能蓄电池,满足厕所日常用电需求。③屋顶作雨水收集处理设计,收集的雨水主要用于日常洗手及洁厕,同时夏季能为建筑隔热降温,而多余的雨水将通过管道存入建筑内部的景观水池中。

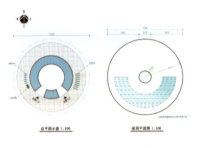

图10 城市公厕一等奖方案

图11 城市公厕二等奖方案

6 结语

"环境英雄"沈锐华以解决世界人民的如厕问题为毕生奋斗的事业,借助世界厕所组织在全球范围内掀起"厕所创新"。这场"创新"得到了各国厕所组织及其他公共事业组织、政府机构、教育机构乃至民营企业的支持和响应,提高了各地尤其是低收入地区人们卫生意识的"软件",使人们不再"谈厕色变";同时,提升了各地厕所设施"硬件",让人们享有健康卫生环境的同时振兴了地方就业及发展,让更多的人可以安心如厕。世界厕所组织的一系列厕所创新方式充分证明了普及使用厕所的重要性及可实践性。

这场"厕所创新"也成为了建立健全我国旅游地区公共基础设施及公共服务体系的助燃剂。2015年全国旅游工作会议强调:厕所是我国社会文明和公共服务体系的短板,也是我国旅游业最突出的薄弱环节,旅游要发展,厕所要革命。[8]如国家旅游局局长李金早先生所述:"'厕所革命'是一项国家文明工程,将厕所建设、管理作为推动旅游公共服务体系建设的切入点和引爆点,让游客的旅游变得更温馨、更便利、更安全。"

他山之石,可以攻玉。将要在我国各旅游地区燃起的"厕所革命"之火,可汲取世界厕所组织的宝贵经验:相关部门需积极参与到这场"革命"中,成立专门的组织来制定厕所改革机制并系统化多层面地推进"厕所革命",以助旅游城市乃至周边乡村旅游地区的公共卫生事业及旅游事业的长足发展。

注释

[1] 朱力钧. 联合国设"世界厕所日"[J]. 环境与生活, 2013(8): 8.
[2]、[4] 世界厕所组织官网. http://worldtoilet.org/.
[3] 世界厕所组织官网. http://worldtoilet.org/who-we-are/partners-friends/.
[5] 李晓良. 第四届世界厕所峰会在京召开[N]. 中国旅游报, 2004-11-19(T00).
[6] 世界厕所组织官网. http://worldtoilet.org/media/press-releases/
[7] 2011世界厕所峰会官网. http://tourism.hainan.gov.cn/goverment/redianzhuanti/WTS2011/designCompetition/
[8] 李金早. 旅游要发展厕所要革命[N]. 中国旅游报, 2015-03-18(001).

他山之石：国外厕所怎么做
Tourist Toilet: Learning from Other Countries

《中国旅游报》供稿

【摘　要】

旅游厕所作为旅游目的地公共服务体系的重要组成部分，在为海内外游客与市民提供如厕服务的同时，有助于城市整体形象的宣传与提升。旅游厕所与旅游交通、旅游咨询服务中心并称为旅游城市的三大必备设施。2015年年初，中国各地旅游厕所改扩建行动拉开了序幕。国内旅游厕所面临的尴尬与挑战，让人不禁想问，国外的旅游厕所怎么样？对于旅游厕所的建设和管理，世界各国都有一些成功的经验。他们的经验对中国的旅游厕所革命有借鉴意义。

【关键词】

旅游厕所；国外；经验

注： 本文图片除特殊注明外均由《中国旅游报》提供。

1 国外厕所发展阶段

早在公元前3000年新石器时期，苏格兰大陆有位叫斯卡拉·布雷（Skara Brae）的人，他用石头搭建一个屋舍，并打通一个隧道一直延伸到屋的墙角，历史学家认为这一设计是早期人类解决茅厕问题的开始。16世纪前后的欧洲似乎还未普遍设厕所，莫里哀喜剧里描写的巴黎人，便拿起便壶随便往外倒，毫不顾及路上的行人。1596年抽水马桶被英国人哈林顿发明。从此以后，厕所开始得到逐渐推广。

而在公元前1700年左右，位于克里特岛的克诺索斯宫中，厕所的功能和设计就更加明确了，土制的管道与供水系统连接，水通过陶土管道流通，可以起到冲水的作用。

科技厕所真正腾飞的时间是在20世纪：冲水阀门、水箱、厕所手纸卷开始得到广泛使用。这些发明创造看似小，但现在看来都成了必备品了。

直到2001年，为解决厕所设计、卫生、舒适，以及解决排泄物污染和发展中国家厕所缺乏等问题，世界厕所组织成立，并将每年的11月19日定为世界厕所日，一直难登大雅之堂的厕所问题终于第一次受到全世界的关注。

2 国外旅游厕所经验介绍

2.1 新西兰：数量多，位置显眼，设施齐全

在国家公园等景区景点内，厕所的设置都是根据旅游路线定点而设，其位置大部分都是紧靠路边或者有明显的标志引导游客。

设施配备以满足基本需求为主，不论厕所位置在市区抑或郊区，卫生纸、洗手液、手纸是每一个厕所都有的，水龙头都兼有冷水和热水。不论是景区的旅游厕所还是一般的公共厕所，大多数都设有婴儿尿布更换台，处处体现着人性化关怀。

著名的新西兰百水公厕，位于高速公路的旁边。这座公厕采用了回收材料，如回收红砖，里面还种植了经济型植物。除了供人方便，这座公厕也吸引了不少路过的人"观光"。

2.2 韩国：有法可依，民间团体推动厕所文化建立（图1）

在韩国有专门的法律规定旅游景区公共的建设标准，如对节能环保、特殊人群使用的设备标识、厕所内应急通信设备都有具体的要求，使得厕所的安全问题有法可依。甚至，对厕所建设的男女蹲位比例都有明文规定。此外，韩国还设立了韩国厕所协会（KTA），致力于引导韩国厕所使用文化，改善公共厕所的政策和制度、发展厕所相关产业以及组织为弱势阶层建卫生间的运动。

在韩国除了见到干净整洁的厕所，人们使用厕所的市民意识也值得学习。其实早在1999年韩国就设立了卫生间文化市民联盟，培养市民文明使用卫生间意识，推进卫生间文化建设。此外它还联合学术界，专门设立了卫生间恶臭研究所。

2.3 新加坡：提升公众文明意识，低成本维持清洁环境

新加坡的公共厕所都是坐式便器，但比国内蹲式便器要干净得多；公厕的地面干净、干燥，可以放心地赤脚走在上面。就像新加坡政府禁止公民嚼口香糖一样，公民不仅

图1 韩国首尔地铁站内公共厕所　　　　陈静/摄

从行动上服从规定，而且从观念上理解了禁止的原因，这是新加坡低成本维持清洁环境的核心所在。

2.4 德国：重视公厕选址调查，开放市场节约公共服务成本

在公厕地点的选择上，除了"硬标准"外，德国政府非常重视"软调查"。德国各城市公厕管理部门在确定厕所的地点、数量、设施时，必须依靠著名调查公司来配合完成。

同时，以厕养厕，著名品牌广告让厕所赚钱。以经营厕所闻名的德国瓦尔股份有限公司，向市政府免费提供公厕设施，回报是获得了这些厕所外墙广告的经营权。香奈儿、苹果等众多公司利用这些广告平台做广告，甚至还把广告印在了手纸上，瓦尔公司每年赢利几千万欧元。这成为德国的一道风景线，很多游客都要使用一下瓦尔公司的厕所。

2.5 美国：公共场所必有厕所，且设施设备齐全

美国法律规定，所有公共场所和商业用房都必须有厕所，而且要对外开放，这也许是美国不专门大建公厕的原因之一。在城区，所有的购物中心、餐厅、超市都有设备齐全、宽敞明亮的厕所。至于外出旅游，就不用担心了，因为路边所有的休息区、小商店、加油站，甚至是行程时间只有20分钟的跨海渡轮上都有厕所。虽然美国的厕所都对外开放，但卫生条件却毫不马虎，除了手纸、洗手液以及随时供应的冷热水这些必备品外，很多厕所还准备了用来预防传染病的一次性坐垫。但最重要的是厕所没有异味。在美国，几乎每一个洗手间里都点着用来除味的熏香、蜡烛。条件稍好的厕所，墙上一般都错落有致地挂着风景画或其他类型的装饰画，里面摆满了鲜花、干花等，令人赏心悦目。

2.6 加拿大：厕所管理有妙招

加拿大的公厕免费开放相当彻底，厕所无人看守，公厕里的所有设备与用品都免费供应。厕所比较卫生、整洁、温暖，其干净程度可以把自己的衣服或提包放在地上。其中大部分都能达到星级饭店的厕所标准。

加拿大的公厕管理主要以公共财政投入为主，以出租资源为辅，真正实现公共财政加出租资源的模式。加拿大的公厕广告收入可以支付人员工资和购买部分厕所用品，人流量大的城区，政府基本不需要出资。政府需要投入的基本是人流量较小的郊区。

在管理上实现片区管理制度，公厕在谁的行政管辖范围内，就由

图2 英国伦敦温布利的厕所

那里的管理部门对公厕实行统一标准化的管理，这些管理人员都是实行定时管理制度，根据人流量的统计样本，每隔几个小时就要来查看公厕内的物品使用情况，如更换卫生纸等物品、清洗脏物、拖地板等，随时维持公厕的清洁卫生。公共管理部门有巡视车，随时在大街上巡查，一旦发现有人举报和发现公厕未按照标准来执行，将扣掉部分薪水。

2.7 日本：注重卫生，干净整洁

日本的公共厕所一直以洁净的环境、人性化的设施而被人们称道。据说，在公厕管理中，他们也会进行惩罚，但他们罚的不是"如厕者"，而是"厕所保洁员"，如果有人投诉某处的保洁员工作不负责，他们就会将其解聘。

在日本，对公厕马桶垫圈卫生十分在意。除打扫者对垫圈细心消毒之外，有的厕所还备有挥发性很强的消毒液，用纸擦在垫圈上，可很快杀死病毒和细菌；还有的公厕配有纸垫，成摞地挂在墙壁上，撕一张放在垫圈上，用完冲到下水道里。日本的公共厕所都配有专用手纸，柔软吸水，用起来舒适，而且不容易堵塞下水道。日本人使用厕所很注意卫生，讲究的人在便后冲水之后，还会掏出喷香剂喷洒便池，以免留下臭味。

图3 瑞士移动集装箱公厕　　　　陈静/摄

2.8 多数欧洲国家：厕所收费保质量

在欧洲，一般来说，一些快餐店如：麦当劳、肯德基、比萨饼店等，或咖啡店、大型商店、饭店等都有厕所，但有的要收费，费用相当于2.5~5元人民币一次。

法国要投钱。法国人认为凡尔赛宫是他们相当珍贵的景点，观光客来到这里非常难得，因此上一次厕所，就要至少5法郎，约合人民币6.3元。

德国留小费。德国高速公路旁，每5~10km路程就会经过一个休息站，大约3个休息站中便会有一个休息站设有木板隔间式的公共厕所，费用为0.1~0.25欧元。

英国的公共厕所大多免付费，如大英博物馆、剑桥、牛津、温莎古堡等地几乎都有免费的公共厕所。某些建设较落后的郡会实施"投币上公厕"的制度，费用20~50便士不等，约合人民币2~5元。

俄罗斯景区公厕免费。莫斯科市内几乎所有景区内的公共厕所均为免费，只在市中心或步行街上一带有收费厕所，其价格均在35~50卢布之间（折合人民币3~5元左右）。

国外旅游厕所的以上特点，也正是我国旅游厕所所欠缺的地方，国外旅游厕所设计、建设、管理过程中的"过人之处"值得我们去借鉴并结合实际去创新。

美丽大地 风景中国

BES, THE AMENITY CREATOR FOR CHINA

中国旅游行业变革突出贡献奖

www.bescn.com

大地风景国际咨询集团置身于旅游及其延伸领域的发展前沿，以吴必虎教授为核心，凝聚了来自美国、德国、英国、俄罗斯、韩国、日本、澳大利亚等众多国际著名院校和来自北大、清华、香港理工大学等国内著名院校的全球顶尖智力资源，能够根据客户实际需要量身定制，以充分满足各种类型的旅游发展咨询需要，保证提供一流的智慧成果。

大地风景致力于搭建顶级国际合作平台，采用国际化运作和管理方式，立足本土文化，融入国际领先的咨询理念，构建旅游全产业链咨询服务体系，提供旅游规划、建筑设计、景区管理、旅游商品、游乐设施、教育培训、智慧旅游、大数据开发、投资管理、旅游营销、乡建实践、模块化建筑开发等一站式全程服务。

大地风景设置华北、华东、华南、西南、西北、华中、东北七大市场分区，无缝对接市场，项目范围覆盖全国所有省、直辖市、自治区，被多个省、市、区县及旅游景区聘为旅游发展顾问单位。

十多年发展，数十项荣誉，见证大地风景成为**中国旅游咨询发展领域最有价值品牌**。

BES微信

大地风景国际咨询集团
地址：北京市朝阳区北四环中路27号
盘古大观31层
电话：010-59393956/3965
传真机：010-59393985
邮箱：bes@bescn.com

优秀案例精选
CLASSIC CASES

大地风景已服务1000多个旅游项目，项目覆盖全国31个省市自治区、300多个市区县，荣获"中国旅游行业变革突出贡献奖"。

★ 服务于多个联合国评定的顶级旅游项目，用国际视野助力世界级遗产的保护与提升；

★ 为中国最优秀的旅游省、市提供旅游总体战略咨询与规划设计，优秀服务案例占据旅游高端咨询领域半壁江山；

★ 从前期策划、规划到建筑、景观设计及旅游商品设计，为文化产业园区、旅游综合体、旅游地产等落地项目提供深入产业的咨询方案；应用TOLD、CTC等先进理念与模式，开创了文化旅游产业发展的新格局；

★ 多年来深耕在历史文化街区与古镇、乡村旅游与休闲农业、国家公园与旅游景区、景观生态与风景园林、温泉旅游与养生度假、主题公园与文化娱乐、风景道与自驾营地等不同专业方向，为传统景区带来活力，并创造了一系列新兴的文化旅游胜地和度假胜地；

★ 关注景区实际需求，集结专家为景区提供针对性的咨询服务和专业实施方案，
成功协助一批景区完成创A/升A/保A；

★ 联合北京大学旅游研究与规划中心、国际旅游学会，
邀请国际国内专家，精心打造定制培训课程，为旅游产业发展破除瓶颈、
转型创新提供强有力的人才支撑和智力保障。

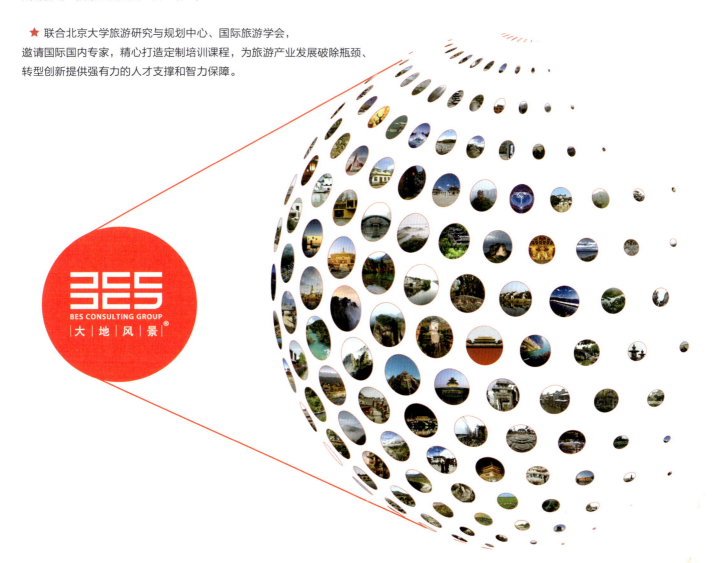

景区厕所革命
从功能创新开始！

SCENIC TOILET REVOLUTION, STARTING FROM FUNCTIONAL INNOVATION !

大地风景生态魔方移动型厕所由大地风景城乡旅游开发事业部主导研创。事业部可承接各类城乡旅游厕所新建与改建项目的规划与设计；移动型厕所成品制造与租赁服务；景区移动厕所的商业运营投放与广告合作。大地风景城乡旅游开发事业部致力于将研创、规划、设计、施工一体化，以社会、环境、经济效应为准则，为各界咨询方提供扎根于大地，落地于城乡的高操作度实践型项目咨询服务。

☆无水冲厕　　☆喷雾洗手　　☆休闲娱乐　　☆夜景识别　　☆模数组装